U0736395

我们这样做班主任

戴翠香　主编

编委会（按姓氏音序排序）

高　媛　李明超　刘细细　宋丹丹
宋　俊　王雪红　王　晶　于文洁

中国海洋大学出版社
·青岛·

图书在版编目(CIP)数据

我们这样做班主任 / 戴翠香主编 . —青岛: 中国海洋大学出版社, 2019. 8 (2020.7重印)

ISBN 978-7-5670-2353-6

Ⅰ. ①我… Ⅱ. ①戴… Ⅲ. ①班主任工作 Ⅳ. ①G451. 6

中国版本图书馆 CIP 数据核字(2019)第 176857 号

出版发行	中国海洋大学出版社
社　　址	青岛市香港东路 23 号　**邮政编码**　266071
出 版 人	杨立敏
网　　址	http://pub.ouc.edu.cn
订购电话	0532－82032573(传真)
责任编辑	王　晓　**电　　话**　0532－85901092
印　　制	青岛国彩印刷股份有限公司
版　　次	2019 年 11 月第 1 版
印　　次	2020 年 7 月第 2 次印刷
成品尺寸	148 mm ×210 mm
印　　张	5. 25
字　　数	146 千
印　　数	1 ～ 1 000
定　　价	28. 80 元

发现印装质量问题，请致电 0532-58700168，由印刷厂负责调换。

序言

“班级像一座长长的桥，通过它，人们跨向理想的彼岸。班级像一条挺长的船，乘着它，人们越过江河湖海，奔向可以施展自己才能的高山、平原、乡村、城镇。班级像一个大家庭，同学们如兄弟姐妹般互相关心着，帮助着；互相鼓舞着，照顾着，一起长大了，成熟了，便离开了这个家庭，走向了社会。”这是魏书生老师对“班级”的描述，也是我们心中“班级”该有的样子。怀揣这个信念，大家有幸走进了“戴翠香名班主任工作室”。

三年里，我们学习的足迹遍布全国：青岛、上海、南京……一次次的相聚让我们相互了解、相互交流、相互学习、共同提高，思想上的碰撞与收获使我们的内心变得富饶而充盈。我们将自己的所思、所想、所悟、所得都收录在本书中，包括“班队会设计”“班主任案例”“教育叙事”“管理小妙招”“学习心得体会”。这是我们学习的成果，也希望能为班主任工作提供实用的帮助。

班主任工作是我们一生的事业，也是我们的田野，我们将肩负着信任与责任，继续播种、耕耘、收获……

目录

「教育·叙事」

一份特别的教案

——记一次家长会的“前世来生”

青岛市崂山区实验小学　戴翠香

事出有因

“知道吗？周五要开家长会了！”刚坐上公交车，同校老师就向我宣布了这个消息。“真的，你怎么知道的？”我有点不相信，本来安排在第四周怎么第三周开了？“刚发下来的周日程表上都写了！”看着那位老师肯定的神情，我相信了。

“学校周五要开家长会了，看你们这几天的表现，等着看你们怎么向你的爸爸妈妈交代！”早晨一上课，我“趾高气扬”地向学生宣布了这一消息。“啊，真的！”“天啊！”“完了完了，我完了！”听着他们的话，看着他们的表情，我不由得高兴起来：“看你们平时那样，现在后悔了吧！”我虽然嘴里是这样说的，但心里却不是这样想的，因为今年我们这个班的孩子进步很大，知道上进了，也知道听讲了，作业完成得比以前也及时了。看着孩子们的这些进步，我非常高兴，决定以这次家长会为契机，促使孩子们达到自主教育的境界，因为这个班的孩子参差不齐，有的孩子非常自律，有的孩子学习习惯很差，已经严重影响到其各方面能力的发展了。

事情有变

“明天作文上什么呢？你打算让孩子们写什么？”做操时，同级部的老师问我。“我想让他们写写有关家长会的事情。”脑子一转，我马上想到了明天下午作文课的内容。“这个内容好，咱就让他们写这个家长会的内容。”我的提议得到了同级部老师的认可。

“孩子们，今天下午就要开家长会了，你们现在什么心情呢？”我的话音刚落，一双双小手就跟比高似的举了起来，让我不知该叫谁好。于是我就挨个儿叫，有的同学站起来说“很紧张”，有的同学说“很害怕”，还有的同学说“很激动”，总之是五花八门、众说纷纭呀！听了孩子们一句句的心里话，我不禁陷入了沉思：“是啊，这都是一些天真活泼而又可爱的孩子，是孩子怎能不犯错误呢？孩子是在犯错中成长起来的呀！那我应该怎样和家长沟通，促使这些孩子进行自我教育的呢？脑子里不时闪烁出不同的火花，有了！我疾步走上讲台，大声地问孩子们：“想不想让家长们都高高兴兴而来、开开心心而回呢？”孩子们异口同声地说：“想。”我话锋一转，又问他们怎样做才能达到这一目标。孩子们说出了统一的答案，那就是听从家长和老师的教诲，好好表现，好好学习。接着孩子们的话，我答应了他们的要求，话音刚落，孩子们就高兴地叫起来。看着这些兴奋的孩子，我不由得笑了。同时，我也在心里想到，孩子们真的是非常单纯而又天真，他们比我们这些成年人更容易满足，而我们有时却真的很吝啬，连孩子们这一点要求都达不到。趁着孩子们的高兴劲儿，我让孩子们把这一过程写在了作文本上。“你们给这次作文起个名字吧！”我微笑着对孩子们提出了新的要求，孩子们很积极，纷纷发表自己的看法，看着孩子们那充满童趣的题目，我不由得笑了，但我没让自己继续沉浸在里面而是趁着孩子们的这股热情把我的要求提了出来：“请同学们把自己刚才所想的、所说的，或者是你们平时不敢、不好意思对爸爸妈妈说的话都写在作文本上，好吗？”“好！”又一次，孩子们不约而同地选择了相同的答案。

窗外一阵微风吹过，洁白的玉兰花正努力在枝头绽放，温暖的阳光透过窗子倾洒在教室里、讲桌上，教室里静极了，孩子们都沉浸在自己的文章里。不一会儿，就有好多同学交上了作文。怎么这么快就写完了，真难得呀！毕竟平时一到写作文孩子们头疼，我也犯愁。“你们为什么写得这么快呀？看，老师还没准备好呢！”孩子们听着我玩笑似的话语，都不由得哈哈笑起来。“这一次作文真好写！”“对，我也觉得很简单。”孩子们旁若无人地闲聊着，却不知他们的话引起了我这个班主任的思考。

家长会上

“同学们抓紧时间记好作业，我们马上要放学了。”“好！”“孩子们，把地要扫干净、拖得干净点，标准是地面能当镜子。”“好的！”“哈哈……”孩子们在我的玩笑中，开始认真地做值日工作了。看着孩子们那认真的劲头，我打心眼儿里高兴。孩子们真的长大了，也懂事了。

家长们陆续来到教室，作业本也都放在孩子们的桌上，家长坐下后都静静地看着自己孩子的作业本，低头沉思着。家长会顺利地开着，望着眼前这群目光殷切的家长，我挨个儿跟他们交流……家长们满意地走了，而我再一次陷入了沉思。

会后沉思

通过那节作文课我发现：

1. 平时真的不能以成绩来评价孩子们，不能以成绩论英雄。孩子学习成绩好，并不意味着素质好、能力高；孩子学习成绩落后，并不意味着素质差、能力低。社会需要各种各样的人才。只要有能力，每一个孩子都能在社会上立足，并且会成就一番事业。态度决定命运。

2. 科学地看待孩子们的成绩。不与其他同学做比较，而是着眼于其自身的比较。让孩子们比较前后几次考试，看自己的进步点、自己的努力与勤奋程度，同时让孩子们比较各科之间的成绩，找到自己的不足。帮助孩子们补上不足，静等花开。

3. 根据教材，努力选择适合孩子们的作文题目。每次作文不是孩子们不会写，而是作为老师的我没有找到孩子们想写的话题，没有激起孩子们表达、写作的欲望，没有让他们真正做到“我手写我心”。

通过家长会，我发现：

1. 传统观念中，成绩对人的影响太大了，家长们有的还是只注重孩子的成绩而非能力，每位家长对孩子的期望都很高，“望子成龙、望女成凤”的观点还很强烈。这不由使我想到小雅在作文中所写到的：“其实，我挺讨厌考试的，因为考试一结束，妈妈就要说我这不好，那不好……”

2. 要帮助孩子养成良好的行为习惯、学习习惯和生活习惯，如科学安排作业时间、安排适量的家务劳动。劳动是教育人最好的方式，只有劳动，孩子们才会懂得生活来之不易，懂得珍惜，懂得感恩父母，懂得回报社会。

3. 平时要多与孩子交流，了解孩子内心的所需所求，帮助他们一起成长，让每个孩子都能成为生活中的主角。

4. 要欣赏孩子，要善于挖掘每个人的闪光点。试想，当一个孩子认识到自己也很优秀，当他内心成才的欲望被激发时，他怎么能学不好呢？我们作为成年人要理解他们，尊重、信任他们，不要对他们施加太多压力。事实上，孩子们在物质方面要求的并不多，有时候一句鼓励的话语、一个慈爱的眼神、一个会心的微笑都会使他们满足而又充满动力。

关注孩子，帮助孩子，做孩子真正的良师益友真的很重要！

身教胜于言教

青岛市崂山区晓望小学　刘细细

这学期刚开学时，我们班的教室卫生情况很差，地上不是零食袋就是纸屑，这不是值日生没打扫卫生而是学生保持不好的结果。我三番五次强调，但效果甚微。有一次我去上课，发现教室卫生情况极其糟糕，当时我很生气。生气归生气，可问题总得解决，当时我灵机一动，二话没说就弯腰去捡地上学生制造的垃圾。我捡了不大一会儿，发现学生们个个面面相觑，我继续捡，于是学生们坐不住了，全班行动，和我一块儿三下五除二把地上的垃圾捡得一干二净。捡完垃圾后，我招呼学生坐好，好像什么事没发生似的照常上我的课。从那以后，我们班不管是教室卫生还是环境卫生，不用我多费口舌，孩子们都打扫得彻彻底底、干干净净。

班主任往往是学生崇拜的对象。老师的一举一动学生都看在眼里，记在心里，往往会去模仿，这是榜样的力量，也是“润物无声”的感召力。当老师不发一语，弯下身子，拣起纸屑时，学生看在眼里心里就有了考量，给了学生思想上的冲击。他们会想：“老师都能弯下腰捡纸屑，我要像老师那样。”于是班级就出现了后来的现象。班主任凡要求学生做到的，自己首先要做到。我们不仅要用语言教育学生，更要用自己的行动打动学生。

几年来，我通过实践和探索，在班级管理中虽没有取得辉煌的成绩，但也积累了不少的经验，时势在变，教育在变，学生在变，作为班主任一定要学习新的有用的东西，永远走在时代的前面。农村小学班主任工作是复杂而繁重的，但只要我们捧着一颗真诚的“爱心”去浇灌学生，我们的人生就无悔。

我错怪了他

青岛市崂山区晓望小学　刘细细

一次，上课铃响了。我又开始了例行的“监督”工作，同学们都很快地跑回教室。过了一会儿，上课的老师也进了教室，第二遍铃响过后，我的目光刚要移开，突然看见我班颇为顽皮的男同学 ×× 跑进教室。我当时就想：“这小子肯定是课间跑操场上玩去了，才会上课迟到！这是我亲眼所见，准没错！”一下课，我就走进教室，把他叫到讲台前，严厉地批评他上课迟到。平日里大大咧咧的他这下可急了，我分明看见眼泪在他眼圈里转。“您冤枉人，我根本没玩，下课，同学们围着刘老师问问题，然后刘老师又叫我帮她把作业本抱到办公室去，这才晚的！”我的脑中“轰”的一下，是呀，我怎么忘了，为了调动他的学习积极性，我和刘老师商量好让他当数学课代表的呀！我知道错怪了他，连忙道歉。他却气呼呼地走了，以后几天都不怎么理我。

都说“眼见为实”，可我亲眼所见，还是错怪了同学，这是深刻的教训。孩子的心是稚嫩而脆弱的，伤害了就很不容易愈合。我们作为教师，在批评学生之前，一定要先问问自己：“事情搞清楚了吗？事实是这样吗？我批评得有理有据吗？”千万不能凭主观想象就草率处理，要学会倾听，这是对学生最基本的尊重。

“批评”今天不在家

青岛崂山新世纪学校　高　嫄

作为一名年轻的班主任，在教学工作中碰到过许多问题，当然最多的还是学生不听话，犯错误。而我，起初面对他们的每一次错误都是大发雷霆，但时间长了我发现效果并不明显，特别是一些调皮的孩子，干脆像在破罐子破摔。静下心来认真反思，我突然想人无完人，世界上谁不犯错误，不犯错误那只是天使的梦想，更何况我们小学老师面对的是一群还不十分懂事的孩子，他们经常出现这样或那样的问题应该是再自然不过的事了。因此，他们需要老师的引领和必要时的点拨。如果一个孩子犯了错误，常常遭到老师的训斥，他就生活在批评中，就学会了谴责；如果一个孩子生活在鼓励中，他就学会了自信。每个孩子都是一本书，是一朵需要耐心浇灌的花，是一个需要点燃的火把。充满爱的关怀，会改变一个学生的行为。反之，哪怕一次不当的批评，也可能严重挫伤孩子的自尊。

因为食堂的桌子和教室的不一样，纵向排列并且每个孩子都是挨着坐的，如果老师不注意看，有的孩子就会利用这个机会将不喜欢吃的饭菜倒掉。上周一我像往常一样坐在那儿吃饭。那天又有芹菜，好多孩子不愿意吃。过了一会儿，一个孩子悄悄走到我的身边说："高老师，×× 又去倒饭了。"听到这我的火一下子就上来了，但我又不能贸然行事。因为这个学生吃饭慢又挑食，体质很差，经常生病，为此我找他谈过好几次，讲过道理，也批评过，以至于他一见到我就绕得远远的……想到以前的种种情景，我的心里很不是滋味："他怎么就这么不懂事，就这么不明白老师的一片苦心呢！难道我就像老虎那样凶吗？"我悄悄地往他那边走去，看到他正在小心翼翼地倒饭。也许他感觉到我走过来了，一惊，盘子差一点儿掉进垃圾桶。面对这样的场面，我知道不能冲动，正想着怎样对他进行教育时，午休活动的铃声响了，我顺势微笑着对他说："××，这样吧，下次吃一点儿芹菜，高老师让你当桌长？怎么样？"他抬头看了我一眼，可能是在考虑我这话的真实性，我一看有效果立刻又加重语气说："不相信我吗？这样吧，咱俩请 ××× 当证人，看看谁是个言而无信的人好吗？"听到这，他也郑重地点点头。

这周又是周一，又吃芹菜。打饭时他要了一点儿芹菜，一会儿就把手举得高高的："高老师，我说到做到，我把要的芹菜都吃光了。"听到这话，我也愣住了，看到他满是期待的眼神，我立刻兑现我的承诺：让他当桌长。慢慢地，他见了我不再躲得远远的，学习上也有了很大的进步。当然因为吃的菜多了，身体也比以前健康了。

对于这样的转变，我看在眼里，喜在心上。其实，孩子们犯错误时，他们迫切想得到的是理解和帮助，而不是粗暴的批评和惩罚。如果动辄就一顿批评，学生只会因为老师的

"高压"而暂时屈服,心里并非真正接受。就如同这个孩子,他的本质还是好的,只不过是任性了点,如果正确地引导,他会不挑食的。由于我们的教育观念、方法上存在的问题,致使许多的孩子"破罐子破摔"。为此我想到一个法子,每周的周一实行"今天批评不在家"活动,也就是这一天学生犯了错误可以不用挨批评。我会通过鼓励、信任、友好的态度去对待每一个犯错误的孩子,因为我发现一个关爱的眼神、一番温暖的鼓励、一个巧妙的暗示,都能胜过疾言厉色的训斥和责备。这样做,学生不会产生抵触情绪和逆反心理,反而会更尊敬老师,更听老师的教导。

温和友善胜于强力风暴。爱的花朵需要用爱的教育来浇灌。作为教师,我们做的或许只是一个灿烂的微笑、一句热情的话语、一个赏识的眼神……而带给学生的很可能是一生的希望。所以教师该做的是让每一个孩子都找到属于他们的生活信心和勇气,用自己的关注和爱心来点亮孩子们一生的希望!期待"周一批评不在家"变成"天天批评不在家"。

爱是教育的前提

青岛市崂山区实验小学　于文洁

我非常热爱教师这一职业,因为没有谁能像我们一样,一举手、一投足、一个美丽的微笑、一个鼓励的眼神、一句关切的话语,就能拨动一个个美妙的心弦,就能带给他们无限欢乐。同样的,通过"老师好"这么一句小小的问候、学生的一个微笑，我们就会感到很幸福，很快乐。当我们慢慢尝试爱孩子时，孩子们更是毫不吝啬，我只想要一杯水，孩子们却给了我整片海洋。

同时我也为自己是一名教师而时常身处纠结中，因为我担心在我不经意间会伤害到一个幼小孩子的心灵，哪怕我真的是为他好，哪怕我非常爱他们，但在忙乱的工作时，在为他的退步着急时，我怕我会伤害到可爱的孩子们……在这样幸福与纠结中我已经做了一年多的班主任了。

就像一位名师说的那样，如果当老师不干班主任是不完整的，不能真正走进孩子中去。这句话我感触颇深，一年半的相处，我和班级里的孩子们就像一家人，相互了解相互支持，相亲相爱。孩子们的变化也是让我惊讶和自豪的。

我们班有一位脑瘫儿嘉禾（化名），智力没有任何问题，相反还非常聪明，而且非常擅长围棋。只是他的肢体不协调，尤其是腿，走路摇摇晃晃，容易摔倒。开学的时候我就跟同学们交代过，他只是暂时腿生病了，大家需要小心一些，多帮助他一些。我这样说的目的既是让其他孩子不对他另眼相看，也同时提醒了大家要多帮助他。后来孩子们的表现让我欣慰，他们完全把他当成一个和他们一样、只是有时候有需要一些帮助的同学，比如，下楼梯的时候总会有孩子扶着他，打汤的时候一定会有同学帮他端汤，怕他洒了烫到自己。还有一次苏马中午洗完手站在厕所门口没走，我问她："怎么不赶快去吃饭啊？"苏马说："刚刚洗手的人多，地上全是水，我等等他，万一他摔倒了怎么办。"这番话、这番心思让我很感动。像这样的事还有很多……

但是我一直有一个担忧，嘉禾现在小，还没有自尊心，不在乎外界的眼光，但以后他长大了，能不能做到不在乎别人的眼光呢？所以我一直坚持，在我这里他没有什么特殊化，除了运动方面，其他的一视同仁，别的孩子做到什么样他就得做到什么样，我这样做就是让他知道他和别人没有任何不同。所以当我发现有段时间他对自己的书写要求不高、不交数学作业、作业不改错时……我严厉地批评了他，好在这个好孩子马上意识到自己的错误并改正了。孩子，老师批评你，希望你能明白老师的良苦用心。

“爱是教育的前提，没有爱就没有教育。”作为教师，只有热爱学生，特别是尊重、爱护、信任学生，使学生真正感到来自教师的温暖和呵护，教育才富有实效。那些在学习、思想、行为等方面存在一定偏差的学生，我们称之为“问题学生”。他们往往被忽视、被冷落，殊不知，学生看起来最不值得爱的时候，恰恰是学生最需要爱的时候；殊不知，错过学生的一个教育机会，没准就错过学生的一辈子。

在我的班里，有一个很可爱的学生，他叫马浩川，肉嘟嘟的小脸，谁见了都想捏一捏，跟果冻似的。但他也有好多“问题”：好奇心重，刚开学时校园里到处乱跑，经常“不见了”。他人很聪明，但是上课的时候总管不住自己的手。不是打扰同桌，就是自己玩，有时一个笔头就能玩大半节课。跟他坐在一起的同学换了又换，他都不同程度地违反课堂纪律、影响任课老师的课堂教学和情绪。对于他，任课老师的反应最为强烈，他的行为不仅影响违反了课堂纪律，而且严重影响了教学进度和任课老师的教学积极性。但他把任课老师的批评教育一转眼就忘了。任课老师经常向我反映他的不是，也许因为我是班主任的缘故，在我的课堂上他还算能够“识相”。

我利用课余找他谈话，而他总是马上答应改，露出一副很可怜的样子，好像真的知道错了，但转头又管不住双手。有时趁课任老师上课，我到班里听课，他也能认真地听讲，不过最多十几分钟又开始动了。我也找家长多次沟通，共同教育，也无济于事。这样来来回回一年过去了，他虽然有些进步，但相比其他同学还是相差甚远。

有一天语文数学检测，他更变本加厉，考试也不答卷了，就在那玩了一节课。我知道后，产生了一种深深的无力感。冷静了一会儿，我下定决心，不能放弃他，于是找了一节活动课，等其他孩子都出去玩了，我和他一起坐在教室里。我没有批评他，而是很平静地告诉他：“我们一起把这张试卷完成吧，我相信你一定没问题。”于是我和他一题一题地耐心地完成，做完一道就马上表扬他，学得真好、真会思考、数字写得真好看；哪怕他做错了，我也耐心给他讲一讲。他很好地完成了这份试题，脸上露出了自信的微笑。我突然意识到，一直以来我可能用错了方法，只要我耐心一点，多多表扬他、鼓励他，我相信他的进步不止一点点，我非常期待他的进步，我愿意和他一起努力。

巴特尔曾说：“教师的爱是滴滴甘露，即使枯萎的心灵也能苏醒；教师的爱是融融春风，即使冰冻了的感情也会消融。”教师对学生的爱要持之以恒，这是每个教师不可推卸的职责。巴特尔指出：“爱和信任是一种伟大而神奇的力量。教师载有爱和信任的眼光，哪怕是仅仅投向学生的一瞥，幼小的心灵也会感光显影，映出美丽的图像……”要想使班主任工作获得成效，对孩子们的爱显得尤为重要。这样会与学生感情相通，心理相容，构成友好、愉快、简单、和谐的人际心理气氛，在潜移默化中完成班主任工作。

爱心滋润幼苗心

青岛重庆路第三小学　王　晶

这些年来，作为班主任，我一直带着一种感激的心情和我的孩子们相处，我们亲近、团结、快乐，孩子们也知道了和“诚实、宽容、善良、彼此交朋友……”我们之间发生了许多令人回味的感人故事，但是和有个孩子发生的一件事情给我留下了深刻的印象。

班里有一名特殊的孩子，名叫小刚，他的身世十分不幸，一年级的时候父亲因为车祸去世，年迈的爷爷、奶奶和妈妈成了他最后的亲人。四年级的时候，他的爷爷因为意外也去世了，从此妈妈要承担照顾奶奶和供他上学的重担。由于连续失去两个亲人，妈妈工作辛苦，压力很大，对小刚在生活上有些忽略，而此时的小刚变得十分敏感，他不敢惹妈妈生气，还要哄着奶奶，他羡慕别人有幸福的家庭，所以心理上发生了变化，他认为世界是不公平的，好像所有的人都不喜欢他。终于有一次在课堂上，因为一个课后题没做好，老师批评了他一句，他彻底“崩溃”了，甚至在课堂上和老师争吵起来，说“世界上没人爱他了，谁也不喜欢他”。我得知此事，先是震惊，继而当天放学时和小刚进行沟通交谈，谈话中，我们像朋友一样，我听他哭着诉说自己的不满，眼泪也跟着留了下来。我开始深深地反思，孩子陆续失去两位亲人，心理上一定是发生了变化，而我作为他的班主任，只看到表面上他还跟以前一样，学习成绩也没有掉落，就忽略了孩子的心理感受,这是我的失职啊！于是,我马上和各科老师沟通,达成共识,孩子有不好的情绪,我们便会一起引起注意,最重要的是我和他的妈妈做了深度交谈,孩子的表现也让她大吃一惊,我建议她也每天抽出一点时间和孩子沟通,多关心孩子的生活。从那天开始,我也变了,在小刚身上花费更多的心血,每天都会对他微笑,每天和他交谈,有时候午餐多买一份和他共享,上课多送去鼓励的眼神,让他感受到大家对他的关爱。渐渐的,小刚真的不再那么敏感了,面对老师善意的批评,他不再“置之不理”,而是虚心接受了。私下里,几个小班干部都对我说:“王老师,小刚现在特别爱笑。”“王老师,我们都说小刚就是你干儿子啊！羡慕！”小刚的家长非常开心,打电话跟我诉说心中的感激,我说:“教育孩子不是你一个人的事情,这是我们共同的责任。”以后的生活中,我和家长就成了最要好的伙伴,我们一起携手呵护我们的孩子。

通过这件事情,我深深地感到,时刻关注每一个孩子的发展变化,与家长做好沟通,对于班主任来说是一件多么重要的事情啊！我们一定要和家长携起手来,呵护孩子的健康成长,为他们塑造美好的未来！

蹲下慢慢找幸福

青岛市崂山区实验小学　宋丹丹

暑假读了于漪老师主编的《教育魅力》一书,书里是这样说的:“你看重什么,你最在乎什么,什么就是你能感受到的幸福。比如把胜利当作幸福,那么遇到挫折时就一定感到不幸福;如果把荣誉当幸福,那得不到荣誉就不幸福。”原来幸福并不远，只看我们如何界定。

蹲下来，从手中找幸福

奇奇在我们班不是个让人放心的孩子，刚入学时，就有一个家长向我叮嘱，让自己的孩子远离他。确实，他的学习习惯挺让我和他的妈妈头疼。把他的家长请到学校、放学拉着他聊近况还有假期家访，在班里也把他放到了我可控的位置内。做了一年，家长、孩子都挺累，成绩还没有起色。然而，就在一次听写中，我看到他的听写居然就错了两个，这对奇奇来说是以前没有的好成绩，我也改变了批阅的方式，在只打100分和只打日期之间，给他打出了90分，看到他拿到听写本高兴的样子，我知道我做对了。慢慢地，奇奇的听写成绩越来越好，偶尔还能得100分，因为听写的自信，他上课也能举手读课文了，即使有些不熟练，但能看出全班都在为他高兴。这天班里要选拔跳绳运动员，奇奇兴奋地走到我面前，腆着笑脸乐呵呵地笑，边笑边拉着我往外走，热乎乎的小手牵得我一愣神，原来这叫幸福。当一个孩子能像对待朋友一样对待老师时，我想就离成功不远了。慢慢地奇奇有了自己的同桌；慢慢地，奇奇受表扬的次数越来越多，我慢慢地相信孩子会更好。

蹲下来，从毛巾中找幸福

每到中午，孩子们都会排队洗手，可是前段时间子涵总是最晚回来，我以为孩子闹起了小脾气，就打了一肚子腹稿想要找她聊聊，可是，我看到的确是她拿着一条蓝毛巾给每个洗完手的同学送上去，洗手后多数同学会两手一甩，开着“小飞机”就回来了。而子涵总是等在那儿，为大家服务。

我也经常能用到她递来的毛巾，在寒冷的冬天能快速把手擦干。当所有人都争着做管理岗位时，班里能有这样愿意为集体服务的孩子真是我的福气，一条小小的毛巾，让我找到了幸福。

蹲下来，从问候中找幸福

一次班队会中，我让孩子们展示制作的贺卡，互相说一说祝福。孩子们你一言我一语互相祝福着，这时梦琪悄悄走到我身边，说："老师，我希望你好好休息，别累着自己。"一句贴心的问候，使我从中感觉到了幸福。

班里的孩子每个都很特别，每个人都给了我不一样的感动，让我尝到了幸福的味道。我想我对幸福的理解在一点点地变化着。山在远方，路在脚下，这期间我还要做很多。

教育的精彩：将学生的"错误"视为一种教育契机

青岛崂山新世纪学校　高　媛

"人非圣贤，孰能无过"，人人都会犯错。看到孩子们犯错误时，教师不妨先冷静一下，让自己换一种心态，换个教育方式。从学生的立场出发，犯错误其实是一种经历，也是一个学习的过程。只有在犯错、认错、改错的真实情境中，学生才能学会正视错误，才能学会改正错误。作为教师，应允许学生犯错，让他们能够在错误中学习，在错误中成长。所以，教师要正确地解读学生犯错误的心理，并走进他们的内心深处，才能更加冷静地对待学生所犯的错误，细心地分析学生犯错误的原因并找出解决问题的对策，那么错误会是一个绝佳的教育机会。

记得一次课堂上，我们班的吴××又在和后面的小朋友说话，这是他这节课第四次这样了。我顿时火冒三丈，大声斥责道："吴××，又是你在说话，你怎么老改不了随便讲话的毛病！"当时教室里鸦雀无声，大家都愤怒地看着吴××，课堂气氛有点紧张，吴××和讲话的小朋友沉默着。当时，我的态度恶劣，而且是当着全班同学的面。下课后，我的情绪也缓和了，想想，真的有些追悔莫及。于是找到吴××："现在我们好好聊聊吧。"这时候，吴××就哭了。在他哭之前情绪也没什么异常，他突然一哭，我也有点愣了。原来今天课堂上他第四次讲话是因为借给同学铅笔，我对他说："帮助同学很好，老师应该问清楚状况再说，这个是老师的不对，但是前几次的说话你是不是也不对？"他点点头。我继续说道："咱们想一个办法：以后课堂中把你忍不住要说的话先写在纸条上，下课的时候再和同学交流，老师也不会在课堂中大声批评你了。"简单的小方法能预防纪律问题恶化而且省时省力，而吴××在以后的课堂中真的把随便说话的毛病改掉了。

从这个案例可以看出：教师对于犯错误的学生，尽可能不要把小事化大，要顾及学生面子。要采取适当、合理的方法去帮助他们改正错误，从而顺利达到教育学生的目的，使他们健康地成长。

反思以前的教育行为，我羞愧地发现，因为经常被学生们犯的这样、那样的错误所激怒，时间一长，我仿佛成了纠错专家，有错必纠，眼里容不下一颗沙子。但是，当我无数次地纠错过后，学生们却依然旧错再犯。难道是学生故意调皮捣蛋？是认知偏差？不，归根到底，是我没有正确地把握错误的教育契机。一个教师教育的精彩往往出在老师对“错误”的处理上，过宽，会放纵其行为；过严，会逼迫其行为转入地下。教师只有运用睿智的、艺术的教育方式，把学生所犯的错误当作促进学生本人或学生群体进行自我教育、自我更新的一个契机，当作可利用的宝贵的教育资源，以不放纵、迁就，认识和改正错误为前提，采用各种巧妙的方式，用宽容、帮助、关怀代替抱怨、训斥、惩罚，以激发犯错误学生的进取心，达到令学生心悦诚服的教育效果。

宽容是真爱

青岛新世纪市北学校　宋　俊

在班主任工作中，有一件事很令人头疼，那就是经常会遇到学生拿别人东西的现象。如果处理不好，就会在学生心中产生不良影响。三年的班主任工作中，我就遇到好多次。结果我都用自己的教育智慧巧妙地化解了危机。

记得那是星期五的下午，放学了，同学们正在做值日。突然，一位同学风风火火地来到办公室，上气不接下气地说：“老师，松松的一盒水彩笔不见了。”我有些吃惊，说：“是吗？”“嗯，松松病了两天了。他的水彩笔放学前还在课桌洞里，现在却不翼而飞了。”话还没说完，几位同学也跟着来到办公室反映这件事。其中有一位同学说：“肯定是洋洋偷的。在幼儿园的时候，他就好偷别人的东西。”当时我的心里咯噔一下，这么小的孩子怎么会说这么刺耳的话？如果洋洋听见，他又怎能承受得了呢？假若从小长在这样的歧视中，他肯定会向这方面发展。我一下子严肃起来，认真地说："别那样说！要相信老师，我可是火眼金睛，中国的福尔摩斯。"在学生的笑声中，我把这件事挡了下来。

星期一，同学们都在教室里早读，松松也来了。我微笑着对松松说："松松，病好了吗？"松松激动得脸红了，说："好了。""不光我关心你，咱们班的同学也都很关心你。"我接着说。松松的脸更红了，全班同学都微笑着看松松。"其实，有一位同学更关心你。"同学们都面面相觑，瞪大了疑惑的眼睛。我接着说："有位同学担心你的水彩笔放在桌洞水会干了，他就帮你保存了。"过了一会儿，全班同学哄堂大笑。"是谁做了这件好事呢？请自觉站起来吧。"可是，等了好一会儿竟没有人站起来。我用目光扫视全班，基本锁定了目标。"这位同学，我理解你的心情。你真的做了一件好事，快站起来吧！"在我期待的目光中，洋洋慢慢地晃动着身子站了起来。随即，全班同学报以热烈的掌声。自此以后，我们班里再没丢失过任何东西。

现在回想起这件事，我还沾沾自喜。不是说我是个自大的人，而是为自己用教育智慧成功地解决疑难问题而由衷地高兴。试想，如果当时任由学生去说，洋洋肯定不会承认，这件事也就成了死案。即使证据确凿，洋洋低头认错，可他的自尊没了，同学们对他的歧视有了，他还会健康成长、幸福生活吗？然而，我的做法是在大家的欢笑声中，洋洋主动承认自己的错误，并加以改正。这不就是人们常说的"知错就改"吗？做人的底线是诚实，即使自己错了也要诚实地面对。这就是我处理这件突发事件的理念。

宽容，对不谙世事的小学生宽容，对身边的所有人宽容，这是宽广的胸襟，这是自己幸福人生的修养，这更是人间的真爱！让我们每个人都学会宽容吧！世界需要这样的真爱。

心理异常和心理创伤儿童的班级辅导案例

青岛基隆路小学　李明超

随着教育的快速发展，现在学校班级中出现了越来越多的行为比较怪异的学生。在这其中心理异常或者受过家庭创伤的学生特别值得我们关注。这部分学生的状况会随时影响班级的稳定以及班级的发展。班主任老师要积极地采取各种措施，针对学生的不同情况，采取不同的转化策略。

新学期我所接手的是四年级的学生，在这个班级中有一个吴同学。与其接触，会不同程度地感受到这个学生说话和行为方式的不同。后来通过跟家长了解，发现这个孩子有轻微的自闭。班主任看得明白，但是作为家长来讲，这并不是一个容易接受的事实。孩子现在由姥姥照顾，日常的接送和起居都由姥姥负责，这也引起了我的注意。首先，我电话联系孩子姥姥，通过放学期间与其交流了解到孩子的一些情况。通过交流，我很明显地感受到，姥姥并不愿意接受孩子的现状，认为孩子只是短暂的心理发育迟缓而没有认识到问题的严重性。随着年龄的增长，孩子在班级日常交往中跟其他学生之间的矛盾越来越大，孩子越来越多地感觉到自己被边缘化，于是通过各种奇异的动作或声响来引起他人注意，但是在这无形当中，他给班级管理和其他同学带来很多困扰。后来我又与其父母进行交流，问题的难点仍然在于父母并不愿意承认孩子心理上的缺陷。通过与孩子父母反复沟通，我觉得问题的关键在于让父母正确认识孩子自身的状况，以便趁着孩子还小，针对孩子的具体情况积极进行干预。当然，对于班主任来讲，对于心理异常儿童的教育和引导，还需要非常专业的知识，这也需要班主任在日后的班级管理中，能够积极加深对心理学的学习，对孩子进行疏导和教育。当然这一过程并不是一蹴而就的，我们仍然可以采用一些积极的因素来促进此类孩子的成长。吴同学的兴趣爱好并没有特别明显，但是他的记忆力比较好，特别喜欢朗读课文，背诵课文，而且能做到声情并茂。在他的身上，这就找到了一个可以在班级生活中立足的闪光点。所以在平日上课的过程中，在班级生活中，我经常寻找这样的机会，让这个孩子给大家读一篇课文，或者背诵一段。同学们认可他的朗读，孩子自己也越来越自信，班级生活自然也过得更加愉悦，这有利于心理异常儿童的成长。

除了心理异常儿童，在班级中曾经受过心理创伤的儿童的数量，也有不同程度的增长，父母离异、被父母抛弃或遭受言语暴力的儿童数量呈持续增长态势。在我所在班级中，有一个张同学，她的情况比较特殊。乍一看，她并没有什么特别之处，但是集中表现为懒散，对周边的事情和对自己的学习提不起兴趣来。最早注意到她，还是因为她是班里的低保户，通过了解，我获悉她的爷爷奶奶都是知识分子，但她的父亲智力有些差异，她在两三岁的时候就被自己的母亲抛弃。在这段时间之内孩子的心理遭受了严重的创伤，很长一段时间内不与任何人讲话，而且心里异常敏感，非常在意别人对自己的评价，有可能简简单单的一句话就可以引起她内心相当大的波澜，但是此类孩子的心理疏导需要相当长的一段时间。对这个孩子，我也采取了有针对性的措施。首先我采取单独聊天的方式，希望通过聊天，无形当中让孩子既认识到自己的家庭事实，对自己的家庭状况有清醒的认识，同时在过程中避免刺激孩子的心理。二是从正面的角度对孩子进行积极的引导，让孩子确定自己的人生理想，让孩子的心理有更积极的力量和阳光的支持。三是在班级生活中，不给予孩子特殊的关注，让孩子在班级生活中能够平平常常地和普通人一样去生活，去面对挫折，去解决问题，以增强孩子的自信心和面对生活的勇气，让孩子收获更多成长的快乐。

随着生活方式和节奏的加快，婚姻家庭也随之出现了各种各样的问题。心理异常和心理受到创伤的儿童的数量呈有增无减的趋势。对班主任来讲，我们既要立足于传统的班级管理和班主任工作，又要跟上新形势，面对新问题，解决新困难，不断学习，更新自己的知识结构，让班级工作与心理学相结合，用心理学的专业知识来解决儿童心理上的问题，对儿童进行正确疏导的同时，使班级管理专业化。

掌声为他响起

青岛市崂山区沙子口小学　王雪红

2019 年我接了一个六年级教学班，刚开学几天，便发现班中有一个同学上课坐不住，东张西望，时常做小动作。虽然我课下对他进行了批评教育，但在以后的一段时间里他依然如故，几次过关测试，他的成绩很差，特别是语文的基础知识，就连低年级的都不能熟练掌握，更不用说高年级的知识了！但他对于活动课上的手工制作表现得比较突出。因此，小 A 便成了我注意的对象。

通过长时间调查、访问，我发现小A同学生性比较聪明好动，加之年龄小，自制力差，从小没养成良好的学习习惯，而家长对他的学习也是无暇顾及，可谓雪上加霜。因此他上课注意广度较小，注意保持能力较差，较多时间离开作业练习从事无关活动，而且他不愿意认真听讲，课间就和同学打打闹闹，只要别人碰他一下，他就会给予重重的还击；课后作业很少及时做完，又惯于用不文明语言招惹同学。这些消极因素影响着他学习成绩的提高，另外，他也缺乏探究知识的兴趣，意志薄弱，不能持之以恒，行为易受暗示，而且固执，情绪不太稳定，控制情感能力较差。

他的这种行为表现在心理学中被称之为厌学。不同年龄的学生都有可能存在这种心理健康问题。传统的教育方式压抑了学生个性发展，对分数的追求、过多的检测、作业的压力都在使学生的体力、智力、兴趣、意志提前预支。过早疲劳，好比强力拉伸的弹簧，即使不能拉得变形，也失去了原有的弹性。另外，有相当一部分学校，其硬件、软件都不能适应时代的需求。一部分教师仍固守着知识圈的“仓库”理论，不注意改进教学方法，不注意提高自身素质。在传授知识过程中，重“知”不重“思”，重“灌”不重“趣”，对学业不良者，个别教师则采取训斥、体罚等错误做法，加之家庭教育的简单粗暴，加重了他对学习的厌倦情绪。

在了解他厌学原因的基础上，我同家长一起制定了辅导措。

一、多创设成功的机会，鼓励他上进。

信心是力量的源泉，对于小A来讲，我必须创设特殊的情境，让他体验成功的快乐，进而让他看到希望，树立自信。在课上，我首先从鼓励他举手开始，再让他回答些简单的问题，一般是重复别人的答案。然后我和其他同学一起鼓励他、表扬他。记得一次课上我讲到分数应用题时，我问："这种类型的应用题的解答方法最关键的是什么？"同学们都举手，唯有他在那儿直瞪黑板，面无表情。我找了一个同学回答后，我又问他："你知道了什么？"他紧接着把问题和答案都说出来了，我很高兴，他起码回答问题比较完整，证明他已经在听课了。所以我赶紧抓住机会真诚地鼓励他，赞扬他，并让同学们把最热烈的掌声送给他。他笑了，笑得是那么真诚，那么灿烂。在紧接的几节课中，他的注意力稍微有了一些集中，回答问题的次数也多了。

"十一"长假，我在他的本子上写了几句鼓励的话，原以为他能写完作业，但放假回来之后，又是空本子一个。当我看到他的空本子之后，我的心情糟糕极了，难道在这七天中他的坏习惯又恢复了吗？当时我对他真是恨铁不成钢啊！再抬头看看，他嘴巴紧闭，无助的眼神流露出几丝愧疚！我连忙话题一转，心平气和地说："你这七天过得怎样，谈谈你的收获吧！我很想听听呢！"他还是比较紧张，嘴巴还是紧闭着。"你听过《学弈》这个故事吗？古时候有两个人跟弈秋下围棋，第一人专心致志，而第二个人却心不在焉……你从中悟出什么道理？"他点了点头开口说："老师，我知道了，我不应该不完成家庭作业。但是当拿起笔来的时候，我有好多我没有做完的事，我真不愿意写字。"见他的厌学情绪还比较强，我又鼓励他："你看，你能从中悟出道理，说明你很聪明，只要再加上自己的努力，你肯定会成为最棒的，那么，下次我希望见到你按时完成作业！"就这样，通过一次次地帮助他设计难度不高的学习目标，他得到了战胜困难、实现目标后的理智上的满足，体验了获得成功的喜悦，保持了他好学上进的高昂情绪。

二、热爱他，了解他。

“罗森塔尔效应”证明，教师的爱可以转化成巨大的能动力量，推动学生前进，有时，热爱和鼓励只是一句话、一个赞美、一次推心置腹的交谈，却显示出教师高超的教育艺术和宽广的胸怀。苏联教育家苏霍姆林斯基说：“教育的全部技巧和奥秘在于如何爱护儿童。”正如干枯的禾苗需要水的滋润一样，学业不良的学生渴望得到教师的爱和关怀。对于小A，我更是关心备至。了解他，便是我辅导他的第一步。不管是在课内还是在课外，我都以谈心的方式和他聊天，或谈家庭，或谈学习，或谈同学。慢慢地，我对他的性格、为人有了一定的了解。去年的冬天，小A的爸爸在工地上受伤了，住进了医院，妈妈在医院照顾，小A只能自己在家。没有家长的督促，他又有些放任自流。我知道这个消息后，连忙同他交谈，并组织班干部同学到他家过夜，我也时常去帮助他们，在这近距离接触中，我们谈心的机会多了，谈的内容也更丰富了，再加上同学们的帮助，他上课举手的次数渐渐多了，回答问题的正确率也高了。

三、培养学习兴趣，调动学习的积极性。

学习兴趣是学习活动最直接、最活跃的推动力。兴趣浓厚的学生成绩远远高于无甚兴趣的学生。厌学的学生兴趣往往不高。教师就应当调动他们的情感因素，采取新颖生动的启发式教学，培养他们对学科的兴趣，还可利用原有动机迁移，因势利导。小A的成绩虽然差，但他爱劳动，于是，我便吸收他为饲养组的成员，让他在饲养小动物的过程中培养学习兴趣。开始时，他便选取一只兔子喂养，给它打食，照顾它。他那专心致志的样子一点也不像落后生。一个月之后，我到饲养小组，发现他在兔笼旁贴了一张纸，上面写着兔子的名字、颜色、习性，还有他给兔子的祝福。看来，小A对饲养兔子还真有兴趣，能够全身心投入。于是，我抓住这个机会，让他写了一篇有关兔子的作文，这种因势利导的方式促使我发现他身上的积极因素，看到他连自己都尚未察觉到的闪光之处，使小A产生发挥更大才能的动力。

四、及时反馈，强化学习动机。

通过反馈，可让小A看到他学习的进步，激起他进一步学好的愿望。因此，我根据他的个性特点和学习情况进行评定，使他获得较具体而有效的帮助。

通过对小A一年来的心理行为辅导，他的学习成绩有了明显的进步，各科成绩全部及格。在今年的毕业检测中，他的各科成绩均为良好，课上、课下的一些不良表现也在逐渐消失，他也成为学校饲养组的组长，赢得了同学们的掌声和赞叹！

与学生搭建心之桥，这是与学生进行沟通的最佳方式

青岛基隆路小学　李明超

“悄悄语信箱”一直是我校心理健康教育的特色活动，活动中，学生利用写信的方式与老师进行思想沟通，向老师坦诚地提出疑惑或建议，老师也将针对学生的困惑给予合理的引导与答复。这种心灵的沟通使师生间搭起了一座心之桥，也让老师更近距离地了解到学生的心理，帮助学生找出解决心理困惑的方法。

本学期,我班继续开展这项活动。学生们在信中提到了自己的苦衷,谈了自己的要求并请老师帮助解决,提出了对老师或者同学的一些看法以及对班级活动的建议等。只要是看到学生的信件,能当面解决的我就当面与学生交流,有能力解决的就尽量满足学生的愿望,对于那些不能面谈的话语,我就抽空给学生回信,在信中帮助他们解决心理上的困扰。比如,郭同学在给我的信中说她十分想当主持人,当一次主持人是她梦寐以求的事。为了满足她的愿望,主题队会我推荐她来主持,她认真地背主持词、不厌其烦地一次次排练,最后队会的成功凝聚了她的努力与付出。这次的锻炼机会,恐怕她永远不会忘记。看到她如愿以偿,我的内心也十分高兴。再如,吴同学是我本学期的心理个案跟踪对象,平日里我经常找他谈心,了解他的所思所想。当得知他有了新妈妈时,我鼓励他大胆地喊她"妈妈",和妈妈搞好关系。他生日那天,我送他一本漂亮的日记本,让他把心里话写到本子上。为此,他的爸爸再三向我表示感谢。之后,他的学习干劲也足了,我的内心也踏实多了。班上学生生病,同学互相关心;同学有困难,互相帮助;同学吐了,不怕脏臭主动打扫。班上的田同学出车祸了,同学们自发地到医院看望她,给病中的田同学带去了关怀与温暖。她的妈妈一再让我代表她向同学们表示感谢。在本学期评选的"感动学校十佳"人物评选中,我班参评的《关心集体的好父子》以及《温暖的大家庭》均被评为"十佳"。大队部号召捐款、捐书、捐物支援灾区儿童或残疾人服务等活动中,学生们表现十分积极,他们热爱集体、关心他人的优秀品质正在逐渐形成。

通过开展"悄悄语信箱"活动,不仅拉进了师生间的距离,也使整个班集体的凝聚力更强了。这种特殊的沟通方式让我和学生更亲了,更近了……愿与学生搭建的这座心之桥更坚实。

爱如清泉

青岛市崂山区沙子口小学 王雪红

记得,"五一"放假后晓燕(化名)就没来学校,由于她的家长离婚,她一直跟妈妈生活在离学校很远的姥姥家。她留给学校的电话号码已停机,这可怎么办?情急之下,我骑车打听,找到了她爸爸的单位。当见到她爸爸时,他给我一句"不知道"便进屋了!我又马上调转车头骑车回学校,与学校另一位教师结伴去她那个离学校近的家,却发现大门紧锁。当时我的心情糟糕极了,自己白忙活了一顿也没找到人,加之骑摩托车时太着急没戴头盔,现在头都开始疼了。我正准备往回走,晓燕的邻居出来了,说:"晓燕家上午有动静!"莫非……和同事对视之后我决定留下。我来到邻居家,轻轻地趴在墙上观察她家的动静。的确,她家院里有洒过水的痕迹,此时我断定晓燕肯定在这里。我该怎么办?我没有吆喝晓燕,而在邻居家静静地等着。邻居说:"老师你快回去上课吧,我帮你盯着!""好的,下午我再来。"我说道。吃过午饭来不及休息,我又骑车来到晓燕家。邻居说他看见晓燕出来买午饭了。但她的家门还是紧锁。这样不行,我又和学校领导商量,坐车去找了晓燕妈妈。好不容易才找到她家,晓燕确实不容易,每天上学要坐将近两个小时的公交车。正巧她妈妈在家,我把情况说明之后她妈妈也愣了,拿着钥匙就往回返。她妈妈颤抖地打开家门,见晓燕已在里面睡着了!

此时我们的眼睛都湿润了。叫醒她后她跑到我的身后悄悄地对我说，她想用这种方式引起她爸爸的注意，让她爸爸回到这个家庭。她妈妈听到这句话后也傻了，没想到她的事情给孩子造成了这么大的影响，她紧紧地搂住晓燕，说："傻孩子，好好学习就行了，别想多了……"终于找到孩子，也知道孩子为什么不上学了。我拖着像注了铅的腿回到了学校，此时心里放下了包袱，但身体已经筋疲力尽了……

师爱如阳光，照亮学生心灵的道路；师爱如清泉，滋养学生成长的田园；师爱如春风，拂去学生岁月的严冬。晓燕已经毕业10年了，每年春节我都会收到晓燕的拜年电话。当她在电话那头叫我一声"老师"的时候，我这一年的疲惫都悄然而逝，心里只有幸福和喜悦！

追求无止境

青岛市崂山区沙子口小学　王雪红

成为一名教师是我从小的梦想，因此我读了师范学院。2000年我带着满怀的憧憬走上讲台，接任了一个四年级教学班，第一次怯怯地站上讲台，触及几十双纯真稚嫩而又充满渴望的目光的一瞬间，我的所有希求已化成七彩粉笔。我很自豪能为孩子们的世界添抹一簇缤纷。然而，这份坚守做人民教师的璀璨心理似乎在现实中逐渐被削弱。当我担任一个班的班主任，语文、数学的教学担子沉沉地压在我并未完全成熟的肩头的时候，当一个个不谙世事、淘气调皮的孩子站在我面前扮鬼脸、耍滑头的时候，我，一个涉世未深、对教育教学规律知之甚少、对困难艰辛估计不足的大孩子，这才真正体验到了教师平凡生活的滋味，体验到了其中的艰辛和压力。那时，我苦恼过，迷惘过，苦恼迷惘之后也动摇过，退却过。但有一件事深深地触动了我，让我从迷惘中寻回了自我，在退却时坚定了初衷。

那天是中秋节，是爸妈在家等我吃团圆饭的日子。我正盼望放学铃声赶快响起，铃声一响，好马上回家。恰在这时，几个淘气包飞速前来报告："老师、老师，刘晓创眼睛里都是沙子！"我马上跟着他们来到学校沙坑，原来几个孩子一起玩沙子，不小心把沙子扬进了刘晓创的眼睛。怎么办，正当我束手无策时，旁边的老师提醒说："赶快送卫生院！"于是，我把其他学生托付给这位老师，赶快打车去了卫生院。刘晓创疼得直哭，我轻轻地安慰着他，协助医生帮他清洗了眼睛，滴上眼药水，一切妥当之后，汗已湿了我的衣服。这时，医生嘱咐我，学生滴上眼药水后，不能马上睁开眼睛，必须闭着。这可怎么让这位学生回家？虽然我清楚地知道爸妈在等我，但仍决定送这位学生回家。这位学生的家长在辛家庄工作，离学校很远。我毫不犹豫地打车送他回家。路上我一边观察他的病情，一边讲故事给他听，不知不觉中，他已破涕为笑。等我安顿好他，已经很晚了，我只好披星戴月，马上往家赶，边回家边想，孩子们才八九岁，每天早上走这么多路来学校听我的课，他们是多么信任我啊。而我呢？却在困难面前退缩了，我被深深地震撼了！等我回到家，爸妈已经把菜热过三遍。看到我如此晚归，妈妈又心疼了，禁不住往事重提："当初叫你别选择当教师你偏要当，这倒好，连吃个团圆饭都赶不上！"是啊！当初，是我自己执意要当教师，执意要当一名孩子王的，这是我自己的选择！

第二天刚到校，只见刘晓创手捧一束怒放的金桂，向我狂奔而来："老师，这桂花给你！我奶奶的名字就叫桂花，你跟我奶奶一样好！"孩子忽闪的眼睛里充满了期盼，我收下了这束貌似平常的桂花，但我更清楚地知道，这桂花包含着一颗怎样的童心啊！我在心底发誓，既然我选择了这个职业，我就要热爱这个职业，把工作干好。不求轰轰烈烈，但求踏踏实实；不求涓滴相报，但求青春无悔！

接下来的十几年中，我一直承担毕业班的数学教学与班主任工作。我知道这是学校领导对我的信任，所以我更有信心，不断地向老教师学习经验，向新教师学习先进的教育思想，课余时间我又参加了山东省自学考试，并在2009年的6月将全部课程考出。在学校领导的支持与期待中，我在不断地成长，不断地进步，教学成绩和班级管理总是位于崂山区前列。

追求永无止境，奋斗永无穷期，我会用我的青春和热情为太阳底下最光辉的职业添上灿烂的一笔。

给"问题学生"多点关爱和鼓励

青岛崂山新世纪学校　高　嫄

2008年我光荣地成为一名班主任，本以为教一年级是件轻松的事情，起码应该比较简单，可是真正成为孩子王的时候，我才发现自己错了，而且大错特错。孩子们确实很可爱、很天真，可这同样也意味着他们什么都不懂，什么都需要从头教起。如果配合还好，只要他们接受，就会天天进步；可如果不配合呢，我真的不敢去想会发生什么事情……偏偏，我还真遇到这么一位问题学生。

关注到这个孩子是在新生培训时，在大家都聚精会神地听同学讲故事时，只有他左顾右看地找身边同学说话；在和同学相处时，他常常打人、骂人，甚至用唾沫吐人；当老师和身边的同学提醒他改正时，他非但不能接受而且态度更加恶劣。开学后，在课堂上他也不能很好地遵守纪律，随便离开座位、讲话、做小动作，而在课下，他打人、骂人的现象更是层出不穷。虽说“爱玩是孩子的天性”，虽说我们主张“张扬个性”，但是很显然，这位同学的火候有些“过”了。与他家长的一次次交流告诉我这一切果然“事出有因”。他从小在家受到的是来自爷爷、奶奶、姥姥、姥爷的过分溺爱；而他的父母对他的教育方法也不一致，一会儿认为不用多加管教，等孩子长大了自然会好；一会儿又是非打即骂。

面对这样一个孩子，作为老师，我有着义不容辞的责任去转化他，我开始主动地关注他、了解他。可是了解他谈何容易：刚刚还在队伍中站得笔直的他，转眼之间就蹲在了地上；刚刚才被老师表扬扫地认真的他，突然扔掉手里的扫帚，在教室里跑来跑去，把桌椅推乱：刚刚和小朋友玩得好好的，一会儿拳头又上去了。他的种种表现让我捉摸不透：他到底是个什么样的孩子？他的心里到底在想些什么？他为什么要那样做？我在心中打上了一个又一个问号。结合他日常的表现，我向身边的老教师请教，并找来了有关的书籍阅读，寻找相似的案例，我终于开始走进他的内心世界：他是个自尊心极强的男孩儿，所以不能容忍老师的当众批评，更不肯轻易认错；他精力非常充沛，而当他的旺盛精力使用不当时就会出现自控力差、不自觉遵守纪律甚至干一些别人不敢做的“冒险”事情;受家庭教育方式的影响,他养成了打人、骂人的不好习惯:他很情绪化,喜怒哀乐顷刻溢于言表,理智往往无法驾驭,所以他不能和同学友好地相处,也很难自始至终地做好一件事,当对一件事情失去兴趣以后,他会不顾后果地放弃努力。

然而,从另一个角度看,这些特点也恰恰可以成为转化他的契机。每一个人都有他的闪光点,“问题学生”也不例外。由于自尊心强,他有着极强的荣誉感,我随时注意他的一举一动,一发现闪光点就马上当众表扬他,给他的小组加分。每当这时,他的脸上就会露出欣喜的表情,而且他的劲头更足了。我努力创设机会,让他在同学面前展示自己的闪光点。他是个极为聪明有能力的孩子,数学口算题做得又对又快,这时我就让他起来为同学对答案,给同学听口算。不可避免地,他还是会时不时地犯一些“错误”,这时我会尽量避免在同学面前批评他,而是经常与他谈心,指出他的错误,并帮他寻找改正错误的方法,教给他怎样和同学相处。我们的距离在一天天地拉近,更让人高兴的是他开始被同学们认可、接纳。在同学有困难时,他会主动去关心同学、帮助同学了,见到地上的纸屑他也会自觉捡起来了,在队伍中可以经常看到他笔直的身影了,在他担任值日班长时,能够认真负责并出色地完成自己的任务……

只要我们老师用足够的细心、耐心和爱心去浇灌问题学生的心田,让他们感受到爱的温暖,我坚信,“问题学生”一定能出现“奇迹”。

构建班级文化，做幸福班主任

青岛新世纪市北学校　宋　俊

首先很荣幸能加入青岛新世纪市北学校，作为新人的我，希望在以后的工作和生活中，各位领导和同事多多指导，多多关照。我也会努力学习，不断提高，争取早日胜任我们学校的班主任工作。上班第一天，我就有幸聆听张校长“高端、大气、上档次，而又接地气”的开学第一课，让我对我们学校的办学理念和教育观有了一个全面的认识。在级部组长邢善老师的带领下，我们级部老师对学校提出的“构建班级文化，做幸福班主任”研讨主题与服务意识和教育观相融合做了深入的探讨和学习。在级部其他两位班主任的无私分享下，我受益匪浅。接下来就谈一谈我对接下来班主任工作的一些思路和安排。

第一、构建和谐班级氛围，严而有爱，以爱育爱。

我认为班主任对每个孩子而言，应该是除了自己的亲人之外能为孩子们无私奉献的人，这也是我为之努力的方向和动力。时代呼唤和谐，社会的发展需要和谐。构建和谐的学校，是时代赋予我们每一位教师的责任。班级是学校的一个细胞，和谐的班级构成和谐的学校。

班主任在构建和谐学校中起到至关重要的作用。我深刻地认识到，在班级管理中，一味强调教师权威与尊严，以教师为中心，会抹杀学生的个性，会导致师生之间缺乏平等的沟通与对话，师生关系必然存在隔阂。因此，班主任应该尊重学生的个性与人格尊严，使师生之间形成一个互相尊重、互相关爱的和谐关系。著名教育家叶圣陶认为，师生之间应该确立朋友一样的和谐关系，他说："无论是聪明的、愚蠢的、干净的、肮脏的，我们都应该称他们为小朋友。我要做学生的朋友，我要学生做我的朋友。"在教育界有一句流行的名言："把学生看作天使，教师便生活在天堂；把学生看作魔鬼，教师便生活在地狱。"

总之，班主任心中有了"爱"，才能善待学生。尊重学生是爱的前提。教师要改善自我，放下"师道尊严"的架子，心胸豁达，炽热认真，一视同仁。用一颗慈爱的心去善待学生的一切时，和谐的师生关系必然能够建立起来。

第二、建立班级公约，培养学生领导力。

三年级对学生来说是一个非常重要的转折点，无论从学生的心理上还是知识点学习的难易程度上都有了不小的变化，我作为三年级的新班主任，需要尽快认识和了解每个孩子，从而做到有的放矢，从而更好地服务于学生的健康成长。具体安排如下。

（一）师生一起设置班级公约

我将利用报到的时间与孩子们相互认识，为孩子们渗透"班级是我家的"概念，帮助孩子们建立小主人意识。并要求孩子们利用在校时间进行小组交流，回家后撰写班级公约，开学第一天集体交流，最终确立，打印上墙。

（二）结合班级公约，培养学生领导力，责任落地

1. 在班级岗位建设与小队建设方面，我是这样来培养孩子们的主人翁意识与领导力的：。

小岗位建设分两步走：一是异人异岗。即让每个孩子都有事可做；争取班级中 80% 的孩子都有自己的小岗位，如桌洞小管家、薄本分发员、爱眼护眼小卫士、节能小专家、课间

小喇叭等都是孩子们讨论得出来的岗位，这些岗位并不是一成不变的，会根据孩子的发展需要不停地变换，让每个孩子都体验到不同的岗位。二是异人同岗，每个岗位都精彩。前期孩子们都体会到了每个岗位的具体职责，后期以小组建设、培养学生集体意识为重点，小岗位的建设也围绕这一重点展开，同一个岗位多人负责、定期评比、定期轮岗交流，这不仅可以完成负责的内容而且可以培养孩子高效完成任务的好习惯，提高学生的能力。

小组建设将根据位置划分为八个小组，由孩子们自己讨论得出组名、口号、队长等并制作小组名牌；全班的常规管理都以小组为单位进行评价反馈。

2. 以班队活动为载体培养孩子们的领导力。

充分利用好每个学期学校开展的集体活动和班级特色班队活动。让学生们在参与这些活动的过程中，培养主人翁意识和集体意识，初步形成合作探索的能力。但随着思维的碰撞也出现了一些新的问题，比如充分利用好每周的班队会，鼓励学生积极参与其中，以小组为单位申报主体，这本身是一件好事，但前期时无论是内容和环节、分工以及最终的实施都会出现不同的问题。这让我有以下几点思考。

（1）班队活动的组织应该融入学生的日常生活中，而不能为活动而活动；要通过活动促进学生的发展。

（2）岗位建设要及时跟进与调整。

（3）班级岗位建设的评价、反馈要及时；让孩子及时查缺补漏，为下一阶段更好地发展做准备。

渴望学生犯错

青岛市崂山区晓望小学　刘细细

抓住教育学生的“时机”，就是要求班主任要针对学生的心理特点，选择和运用最适合的方法和手段，在最有效、最易发生作用的时间段对学生进行教育。班主任要充分利用好“时间”这个客观条件，当教育学生的“时机”未到时，要善于等待；当“时机”来临时，要立即抓住；当“时机”已过，应善于迂回并创设、捕捉另外的“时机”。机不可失，时不再来。许多老师害怕学生犯错，而我坚信，班内没有问题才是最大的问题，孩子只有在错误中才能不断成长，因此在平时的教育教学中我总是跟学生们说，“犯错不要紧，但只要改了，还是好孩子、好学生”。

基于这种思想，我特别渴望学生犯错。要学会找碴，没有问题也要创设问题，尤其是对那些所谓的品学兼优的学生。学生有了问题班主任才有了教育的契机。对这些学生，不能只看他的闪光点，还要冷静客观地指出他的问题，并且要督促他改正。我班的小庆同学，班级威望很高，脑子转得快，思维比较活跃，爱面子，但是上课爱多嘴多言，东张西望；课下小打小闹。基于这些特点，在课堂上只要发现他开小差，我就用眼神警告他，由于他机灵，他能很快了解老师的意思，马上集中注意力；有时他没有及时回神，我便悄悄地走到他的身边点一点他，提醒他该怎样做；有时提问问题时别人还没有想出来，他口无遮拦地说，影响了别人的思维，我一个眼神丢过去，他便马上心领神会，住嘴；有时我提问别的学生问题时，他便毫不考虑地回答，这时我会马上制止他：“老师

相信 ×× 同学自己会做。”他便有些不好意思，有时不予理睬。针对这种情况，我不急于去批评谁，我让提问的学生先说，然后过一段时间再杀个回马枪，当然会的自然会，不会的自然不会。此时，我抓住这一契机，教育学生们：“自己思考得到的结论，才是你自己的，才是真知识；别人的东西暂时可以记住但是瞬息就会忘，一定要相信自己；××，你说对吗？小庆认为呢？你刚刚做对了吗？”这样他就认识到了自己的错误，其他同学也认识到了事情的严重性，课下我再找找他谈话，发挥值日本的作用，渐渐地他就学会了克服。从此，课堂中的这种现象少了很多。

班级事务管理也是如此，发挥值日本的作用，发挥每个学生的作用，每天发现问题及时纠正，一天一小问题，一周一大问题，一月一总结，学生们在其中自己发现问题，自己慢慢解决，班级的管理已不仅是老师、班干部的事，而是全班三十个人的事，班级的管理已不再是难事，老师解放了出来，学生学会了管理，民主平等的班级氛围使学生们积极起来，拧成一股绳，团结一心，向更高的目标前进。

我认为，班主任重在育人，应当抓住每一个教育契机来加强育人教育，所以我一直在做这方面的努力，尽管收效可能是缓慢的，但我会一直努力坚持下去，伴随着他们成长的每个阶段。

从阴霾的天空也能发现闪亮的星星。班主任要善于把班内的坏事转化为好事。班主任工作虽然很辛苦，但投入其中乐融融；班主任工作有规律，但没有一条规律适合所有的学生；换个角度看学生，走到近处看学生，要识弟子真面目，火眼金睛洒真情。相信他们会变的！

特别的爱给特别的你

青岛市崂山区实验小学　戴翠香

不知在哪一本书上我曾看到过一个有关心理的故事，值得我们沉思。故事大体是这样的：从前有个脾气很坏的小男孩，常常爱发脾气。一天，他父亲给了他一大包钉子，要求他每发一次脾气就必须用铁锤在他家后院的栅栏上钉一个钉子。第一天，小男孩共在栅栏上钉了三十七个钉子。

过了几个星期，由于学会了控制自己的愤怒，小男孩每天在栅栏上钉钉子的数目逐渐减少了。他发现控制自己的坏脾气比往栅栏上钉钉子要容易多了……最后，小男孩变得不爱发脾气了。

他把自己的转变告诉了父亲，他父亲又建议说："如果你能坚持一整天不发脾气，就从栅栏拔下一个钉子。"经过一段时间，小男孩终于把栅栏上所有的钉子都拔完了。

父亲拉着小男孩的手来到栅栏边，对他说："儿子，你做得好。但是，你看一看，那些钉子在栅栏上留下那么多小孔，栅栏再也不是原来的样子了。当你向别人发过脾气之后，你的言语就像这些钉孔一样，会在人们的心灵里留下伤痕，无论你说多少次对不起，那些伤口都会永远存在。其实，口头上对人们造成的伤害与伤害人们的肉体没有什么两样啊。"

这是一个普通的故事，然而，平凡中蕴含着深刻。想到这里，我忽然想到了美国卡罗琳奥林奇说过的一句话："哎，有些言语和行为能给人脆弱的心灵带来创伤，且这种伤痕会伴随人的一生。"的确如此，对待学生时也是这样一个道理。因此，我们要善待我们的孩子，学学故事中的父亲，这是一个明智的父亲，这位父亲的做法可以说是教孩子自控的一个成功典型的事例，值得借鉴，也许这就是我们教育界所倡导的教是为了不教。从这个故事中，我受到了启发。

第一，培养学生的自控意识。

自我控制意识，有人叫它自控力，或自制力。也就是说，自己管住自己、控制自己并随时调节、支配自己的行为，激励自己去克服困难，做自己该做的事，并阻止自己去做不该做的事。我国古代就有“克己之学”，其实就是运用情感、意志自我监督、自我反省、自我批评，破“旧我”，立“新我”，保证自我目标的实现。这实际上就是我们今天说的“认识自我”。不过，古人对“自我”的深层意义理解得有局限，尤其对环境、社会给予人的影响的认识远远没有今天深刻。

自我教育是万能的。小瑞是我班的“钉子户”。众多老师的话，他只听我这个班主任的，这让有的老师很奇怪，但其中的道理我是明白的。这个孩子虽然有时不能自控，但他很仗义，很热情，要想让他听你的话，必须让他信服你，以理服人。那是一个星期三的下午，教英语的叶老师请假没来，董老师给我班代课，课堂上小瑞离开座位与其他同学说话，董老师说了他后，他非但不改，还与她顶嘴，并且吹泡泡，扰乱了整个课堂。听着学生对我的诉说，我能想象出课堂的场面。

课下，我找到了小瑞，让他跟我说清楚课堂上的事情。我首先对他在课堂上当众受到批评自尊心受挫表示我的同情，对他的行为表示理解。然后让他自己想想课堂上的做法对不对，应该怎样做。董老师见我来到了教室，忙把课堂上小瑞的做法告诉了我，看着怒气冲冲的董老师，小瑞只是听。等董老师走了后，我说：“你听见刚才老师说的话了？”结果小瑞长叹一声，说了一句“让她说吧”。我听后心里一惊，这一声长叹表示出他心中的无奈，也许他是碍于我的情面，也许是对当学生理应受到批评又不敢反抗表示一声悲哀。我不断地反思自己，反思自己到底哪个地方做得不对，没有顾及孩子的脸面。这声长叹加上那一句无奈的话，给了我无限的沉思，让我不断地审视着自己，告诫自己对待孩子千万要小心。

同样的故事再次发生，一上音乐课，课堂上小瑞再一次重演英语课的那一幕，把谭老师气得够呛。听着谭老师对小瑞的批评，我很心疼。我一边安抚着怒火中烧的谭老师，一边看着可爱又可气的小瑞，我知道此时的我不应再说什么。面对谭老师的质问，我替小瑞掩盖了他的错误。我让小瑞去吃中午饭，陪同谭老师一块走，让她消消气。此时的我知道，从前面的英语课到现在的音乐课，同样的事情能再次发生，就是因为这个孩子没有学会自控。目前的关键问题，就是让他学会自控。想到这里，我有了主意。

中午吃完饭，我就让他回教室反思，看看这件事自己错在哪里，老师说得对不对，自己应该怎样做。等我一回到教室，小瑞就向我承认了自己的错误，这个没掉过眼泪的小男孩儿，这一次却掉了眼泪，于是我让他向谭老师承认错误。下一次上课，小瑞表现得很棒，老师多次表扬。我知道上一次的事情对他影响很大，等我下课问他，他却告诉我：“老师，那是我装的。”听着他那天真的话语，我也不知该说他什么。我接着问他：“你为什么要装呢？”“我想让老师高兴，我也想要表现好，可是有时候我就是不想管自己。”“为什么我教的课你能认真听讲，积极回答问题呢？”他低头不语。我告诉他从这可以看出他不是管不住自己而是不想管自己，不会自控。因为他没有意识到他的这种做法会给人带来伤害。我跟他讲了很多,他也下决心每一节课都提醒自己管住自己。

借此机会,我给他举了一个发生在他最好的朋友小龙身上的事例。小龙是我班的班长,学校开设书吧,要求每个班都轮流两周来管理书吧。在做管理书吧的准备工作时他偷懒,我批评他,结果在此后的两个星期里,他以自己的行动来弥补自己的过错,在不久后的一次日记里,他这样写道:"因为上一次自己偷懒而犯错误,我会用双倍的努力而弥补自己的过错。"小瑞听了之后,懂事地点点头,以后的做法果然比以前好多了。可见培养一个孩子的自控意识是相当重要的。

第二,给学生更多的包容。

班里的小德也是一个特殊的孩子,开学初,他的妈妈就来找我,向我反映了他的情况,因为前一任老师对他的不了解,造成了他过分紧张,使得他患上了"强迫症"。看着他的妈妈那伤心的泪水,我除了感到心疼外,还觉得身上的担子沉甸甸的,我知道自己对这个孩子只能有爱心、细心、耐心,我必须用双倍的爱才能换来这个孩子的健康成长。

因此,在平时的教学中,我对待他格外小心,他犯了错误我不加以批评,只是让他到没人的地方去反思,考虑自己应该怎样做,然后加以引导,让他自己意识到自己所犯下的错误。不管他有什么样的进步,我都会鼓励他,表扬他,发给他表扬卡,让他重新拥有自信。经过一段时间的努力,他明显有了进步,下课总是愿意凑到我眼前来跟我讲话,其实他是一个很聪明的孩子,在数学方面很有天赋,平时不用操太多的心,只要给他更多的包容就行。

一个学期结束了,新的学期开始了。在新学期开学初,我收到了他妈妈长达七页的感谢信,信上除了表达对我的感谢外,还高兴地告诉我孩子的"强迫症"已经完全好了,高兴的心情溢于言表。面对这封感谢信我想到了很多，其实，我做到的并不多，只是尽了一个老师该尽的义务，做了对孩子应该做的事情。

故事似乎已经结束，然而我也知道这并没有结束，因为我们要做的还有很多很多，因为当你向别人发过脾气之后，你的言语就像这些钉孔一样，会在人们的心灵里留下伤痕，无论你说多少次对不起，那些伤口都会永远存在。其实，口头上对人们造成的伤害与伤害人们的肉体没有什么两样……

学会眼里要能揉“沙子”

青岛基隆路小学　李明超

不可否认的是，随着时代的发展，现在的许多孩子的智能水平已远远超越了他们的年龄阶段，变得越来越有个性，越来越难教育了，尤其到了高年级，对于老师的教育可能还会出现一些抵触的情绪。作为老师该怎么办？我觉得作为老师要学会眼里要能揉“沙子”。

在传统观念里，我们强调最多的是“师”与“生”之间的关系，是“教”与“被教”之间的关系，是“管”与“被管”之间的关系。我们继承了中国教师的优良传统，对自己的学生负责认真，真心希望他们越来越好，也牢牢记住了“严师出高徒”这句古训，可是严师真的能出高徒吗？也许，我们在深深地记住他们是一群学生的同时，是不是也应该记住他们仅仅是十几岁的孩子，他们不是钢铁战士，他们要出错，他们一定会出错，而且他们每一个都是活生生的整体，他们需要

"理解与尊重",需要"归属和爱"。而作为老师,此时,我们要做的是什么呢?要学会眼里揉"沙子",给予学生必要的理解与尊重。

我所任教的班级是五年级刚刚接手的班级,对于如何管理好这个班级,我也走过了不同的心理历程,由温和到严厉,由严厉到宽松,由宽松再到严厉。时间证明:班级管理关键要掌握一个度,要根据学生的实际情况,还要注意管理与沟通的有效性。如何才能有效,让学生心服口服,还要支持你的工作?严厉批评或许有效,试着理解学生,"春风细雨"会不会更有效呢?本学期的时候,有两件事让我印象很深刻。

第一,站在学生的立场,从内心深处真正"理解"学生的处境。

田润丰(化名)是一位个性上不太积极的学生,尽管父母抓得紧,可是总是着急不起来,把老师布置的作业抛在脑后,作业交不齐的名单中经常出现他的身影,问他作业是否完成时,总是会听到两个字——"没有"。担任班主任以来,我心中便有无名的怒火,一天下午,他又在补作业,离规定时间已经没有多少时间,我脑海中不禁呈现出了他那迷茫的表情,我想,他肯定又没完成。来到教室,却见他正埋着头,脸紧绷着,面前摆着三四份作业,正在奋笔疾书,看得出来,他很卖力。我不禁心中一震:原来他也有努力的一面,只是我们没有看到而已;他可能要做两三份作业,而我们自己只看到了自己任教的学科;说到底,他还是个孩子,对于他而言,他可能已经尽了自己最大的努力……我平息了自己的怒火,等待着,放学的时候,他悄悄将作业放在了我的办公桌上。虽然离规定的时间已过,但我决定改变策略,由批评转化为表扬。第二天上课的时候,我在同学们面前,表扬了他遵守自己的承诺，自觉交作业，他不好意思地低下了头，偷偷地笑了。这笑容似乎在告诉别人："被理解，被尊重，被表扬的感觉真好！"

第二，开阔为师者心胸，包容学生心存侥幸犯下的错误。

小鸿是班上长得很结实又要强的男孩。在刚结束的单元测验中，我发现了一篇熟悉而且至少看过不下五遍的作文（一年前就曾批过），二话没说，打了个低分（虽然它很符合习作要求）。在讲评课上，我讲到了小鸿的这篇作文，他的脸顿时涨得通红，而且嘴上似乎带着不礼貌、不客气的话语。我怒不可忍，但转念一想，他可能还没明白我的良苦用心。于是，我装作完全没有注意到他那不礼貌的举止，若无其事地讲完一节课。下课后，我把他单独叫到了跟前，开始他很不服气，但当我跟他讲明，希望他的作文能够不断推陈出新、继续进步的希望后，他欣然而去。后来，他表现出了很强的习作爱好，每写完一篇，总是追着我问，写得怎么样。

第三，巧变形式，拓展、完善学生心理成长历程。

在现实教学中，许多老师不可谓不尽职尽责，呕心沥血，但有的孩子的叛逆越发严重，也许我们关注到了他们的身体是否健康，也许我们关注到了他们最近的作业情况，也许我们注意到了他们身上存在的错误，并给予了及时的批评，但我们给予的也仅仅是批评而已，并没有真正注意到"教育"以及"教育"的形式。记得以前魏书生就曾用过"写说明"这种形式。"犯错误写说明书"给我耳目一新的感觉，其中一个孩子说道："今天自习课，我做物理习题时，怎么也想不出来解法，便想，向同桌请教吧！这时好思想提醒我：这个班自习课不让说话，不让出声问问题。坏思想说：不要紧，老师不在，干部又没注意，小点声不就行了吗？好思想干着急也管不住坏毛病。”“我是从外地转来的，过去淘气了要写检讨书，那时越写越恨老师，现在写说明书，越写越恨自己，感觉就有这么点不一样。”“说明书”和“检讨书”只有几个字之差，但是关注的内容有很大的差别，一提到“检讨书”，学生感到的就是一种老师的压迫之感，也许学生并没有真正认识到自己的错误，只是出于无奈而要迎合老师；而“说明书”并不一定非要学生承认自己的错误，只是老师真正站在孩子的角度，希望他们能够正确地认识到自己内心的一种变化过程，从而增强自己的自控能力。后者更加关注的是学生内心成长的一种需要，更加有利于学生心理的成长。魏书生“惩罚”学生的手段也是颇动了一番心思的，比如，他惩罚犯了错误的同学要做一件好事。他认为，做好事起到了增强学生自尊心、自信心的作用，也起到了分散学生犯错误的精力、将其导向真善美的疏导作用，起到了使学生发现一个新的、更强大的自我的作用。

时代在发展，学生的心理世界也在发生着潜移默化的变化。漠视学生的内心世界、心理特点、情感需要的教育方式，以教师为中心、满足教师内心需要的传统教育方式也应该随着教育理念的更新而得以改善。老师们也应该积极探索既适应学生心理发展又能很好地解决问题的好方式、好方法。学生们渐渐在长大，他们越来越多地希望得到别人的理解和尊重，无论是来自家长的，还是来自老师的；他们越来越渴望得到作为“人”的平等对待的权利，但他们毕竟是孩子，难免犯错误，出问题，在这种情况下，如何保护好他们的自尊心？那就是我们作为老师该学会做的，我们要努力包容这些“沙子”，眼里要能揉沙子。渐渐地，学生们会更好地发展，而我们也会成为一颗颗充满包容之心的璀璨珍珠。

一滴墨的考验

青岛重庆路第三小学　王　晶

作为教师,每天都会和学生发生点滴的事情,在当时看来这些事情有的会让我开怀大笑,有的会我让恼羞成怒,有的会让我惆怅不已,但是现在回忆起来,当时的那些事都会让我会心一笑……那些每天都会发生的故事虽然很平凡,很普通,但却是我人生中不可缺少的前进动力。

学校实行生态课堂以来,我们的理念发生了变化,学生也发生了不少变化。下面要说的这件事就发生在我现在所带的班级。那是 2013 年 3 月的一天,刚开学不久,当时我和平常一样怀着激动的心情走进教室,给大家上课。正和大家一起热烈讨论的时候,只听“哎呀”一声,小文叫了起来。我转身一看,不知是什么喷得她脸上身上、脏乎乎一片,我一看周围的同学们,身上也有不同程度的污迹,原来是墨水!她组内的小海的笔不下水,一甩甩了周围的人一身。还记得当时小文正穿着学校新发的校服,忽然溅上很多墨水,能感受到孩子很心疼,我也真想狠狠批评这个素来就很调皮的小海,为什么这么不小心!在他们三年级刚开始接触钢笔的时候我就已经反复强调过如何换墨、如何应对不下墨水的笔。正当我准备发怒的时候,我看到其他同学都在那里谴责小海,我知道他不是故意的,心里一定很不好受。于是在心里不断地问自己:“怎么办呢?”这时,一件意外的事情发生了,只见小文轻轻地走到我身边来,轻声说道:“王老师,您让大家别说小海了,他不是故意的,刚才我们讨论问题激烈,他是记录员,钢笔没出水,没法及时做记录,他也着急,所以才甩笔的！”看着孩子脸上还有尚未擦干净的墨迹，听着她柔柔的话语，我竟然半天没说出话。小文扮出了个鬼脸，笑着对我说：“这身上这点墨迹我妈妈用超强洗衣粉一泡就没啦！”“小文，真对不起！”此时的小海听到小文的话惭愧地说了抱歉。这个小海平时嘴硬得很，有时候自己犯了很大的错误都不会主动道歉的，此时他的举动又让我惊讶起来。小文似乎也愣了一下，马上半开玩笑地说道：“没事没事，我是你的组长，你的失误也有我的责任啊！我们是一个组的，是绑在一条绳上的蚂蚱哟！”“哈哈哈！”这时候的小海终于露出了笑脸！接着，小文组的其他成员也说道：“是呀是呀！我们荣辱与共啊！”事后小海找到我和我说：“王老师，我当时真是吓坏了，我真怕你找我的家长告我的状，让我赔小文衣服，那样我妈妈又会唠叨我的，不过我真没想到小文是这么好的组长！我以后一定要做更多的好事，为大家争光！”

我听后心里很激动，经常说合作、团结，在我们的生态课堂上的这件事，不就是最好的见证吗？

用爱心沟通，适当鼓励

青岛市崂山区晓望小学　刘细细

一位教育家曾经说过：“如果孩子生活在鼓励中，得到了一种力量，他便会学会自信，从而优秀起来。”但鼓励是一门艺术，时机不宜或方法不对时，则会适得其反。所以，探索鼓励的艺术方法对教师来说非常重要。班主任就必须尽可能地抓住一切机会调动学生的积极性，对其行为给予肯定和鼓励。

首先老师要全面地了解学生，了解造成现状的原因。在这一年的学习生活中，我发现我班的周桂立同学平时不爱做作业，上课不听讲，不爱戴红领巾，纪律比较差，易冲动、暴躁，比较内向，但自尊心比较强，哥们义气太严重，又分不清好坏。于是我把他的这些特点一一列出，并认真分析，把优点夸大，把缺点缩小，慢慢地，我发现他还是个可造之才，我喜欢上了这个“浑身毛病”的小孩。

老师必须把学生当成知心人，以欣赏的眼光去对待他们，这样才能正确地理解他们，发现他们的动机，他们才能敞开心扉接纳你。为了真正抓住周桂立的心，我采取了第二步措施，使他从此走向重新塑造自我的道路。我找他聊天，我知道他喜欢打篮球，我知道他干活特别好，于是从这下手，让他感受到老师对他的了解、欣赏和鼓励，让他慢慢敞开心扉，愿意与我说话，愿意与我分享他的喜怒哀乐。

时机成熟时，在欣赏的同时我又加入了遗憾，在鼓励的同时加入了希望，他明白了，也懂得了老师的一片心意，与我协商定下了他的“君子协定”，并默默地努力着。我也时刻关注着他，在他又忘记戴红领巾时，看到我的眼神，他会羞涩地说：“老师我今天忘记带了，你那里有没有？”在他想偷懒时，我走到他眼前，他会马上正襟危坐，朝我羞涩地一笑……就这样，他慢慢地转变着，我也在进步着。在他跃跃欲试、正待奋起的时候，我及时送去鼓励；在他身置迷途、寻路而不可得的时候，我及时给予指点；在他失群、深感孤独的时候，我及时给予关怀；在他犯了错误，开始感到内疚的时候，我给他语重心长的劝告。针对他易于冲动、暴躁、孤僻的性格，我指导他学会用意志控制自己的情绪，用“转移法”和“自责法”妥善地解决与他人的矛盾，从此，师生之间开始了敞开心扉的交谈，逐渐架起了沟通心灵的桥梁。

历经此事，我深深地感受到：每一位学生都是一本丰富的书，一个多彩的世界。我们要想真正读懂“每一本书”，看清“每一个世界”，就必须用一颗爱心和诚心架起师生之间心灵沟通的桥梁。付出了关爱，我收获了学生们对我的信任；付出了真诚，我收获了学生们对我的理解；付出了的汗水和辛劳，我收获的必将是学生们一个个美好的明天！

鼓励对于挖掘学生的内在潜能，调动其创造性、主动性，对于鼓舞士气，增强班集体凝聚性，使更多的学生自觉自愿地为集体做贡献，使每一个人都能朝着共同的目标而努力奋斗具有不可替代的作用。要培养一个积极向上的班集体，使每个学生在德智体美等各方面都得到充分的发展，形成良好的个性，班主任就必须尽可能地抓住一切机会调动学生的积极性，对其行为给予肯定和鼓励。

用心带孩子

青岛市崂山区实验小学　宋丹丹

有人说，人生有五大幸事：出生时遇到一对好父母，上学时遇到一位好老师，工作时遇到一位好师父，成家时遇到一位好伴侣，晚年时遇到一个好子女。不敢说要成为影响学生一生的人，但我也在努力成为学生成长中的贵人。做孩子的贵人要用心。

班级管理要细心。刚接这班孩子时我就注意到了赫赫这个单纯、有礼貌的孩子。可赫赫上课的习惯不是很好，懒懒散散，很容易就被手中的小东西吸引走注意力。我试着找他聊过几次，赫赫的态度很端正，头头是道地和我讲着自己应该怎么做，可好的习惯并没有坚持多久。与家长沟通了解后得知，孩子长期与外公、外婆生活在一起而妈妈远在深圳工作，我开始思考怎样解决这个问题。恰巧一次赫赫着急地拉着我的胳膊想说清一件事情，我能感觉到他是那么需要我的关注，需要妈妈般的爱。事后我细细地捉摸着："是呀，正是这样，我应该给他更多的爱。"慢慢地我开始给他更多的笑容，经常竖起大拇指夸夸他，和他成为朋友。渐渐地，赫赫在课堂上也认真起来，我看到了他自信的领读，看到了他高高举起的小手，看到了他与同学相处的大度。

低年级的孩子刚踏入校园，不仅要顾及知识的学习，还要注重习惯的养成。读书写字、吃饭喝水，我们给孩子想得越细，孩子做得就越好。下课了送上一句温馨的喝水提醒；中午吃饭时提醒他们关好窗户避免戗风；冬天来了，送上一管小小的护手霜；坚持和每一个孩子谈一谈；潜移默化中，孩子们自然而然就能养成好的习惯。润物无声的春雨总比狂风暴雨的批评更适合孩子。

教师工作要耐心。小佳很爱学习，课间、上课总能看到他在认认真真写字，可他只顾一味地写，听讲的习惯一直没养成，几次练习下来都没有得到好成绩。小佳喜欢写字，但爱用左手，一次我在指导写拼音时，瞥见小佳正用右手别扭地描写，我赶紧奖励了他一颗小星星。从小佳腼腆的笑脸中我知道他在慢慢地进步，尽管用右手写得不好，可他在尝试改变。一次早读，小佳成了领读员，我把照片分享给了她妈妈。第二天小佳的听讲出奇得好，回答问题也变得积极起来，眼睛亮亮地看着老师。我不禁惊叹一张照片的魔力。现在的小佳和同学们的差距越来越小，原来耐下心来多想一想办法，孩子就会给我们一个惊喜。

“物有本末，事有始终。知所先后，则近道矣。”老师要用心，更要不忘初心。

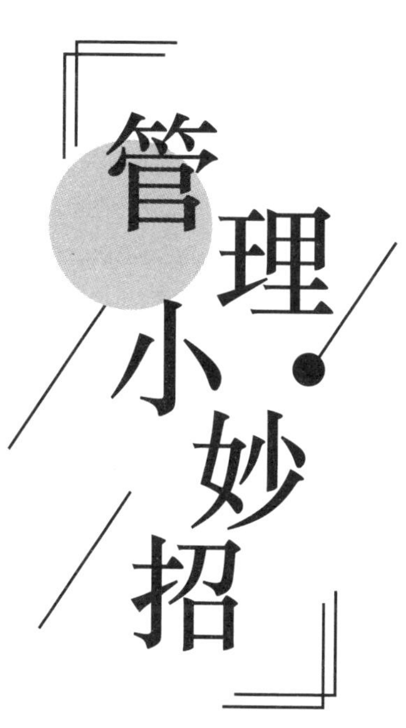
管理小妙招

“给人自由，任其选择”

青岛市崂山区实验小学　戴翠香

陶行知说“教是为了不教”。魏书生认为“管是为了不管”。其思想从根本上说，是要充分发挥学生在教育管理中的主体作用，做到“管放结合”。班级管理工作的对象是活生生的、正处于成长发展中的学生。实际工作中，班主任要“管”的方面很多，小到学生的坐立行走、穿着打扮，大到学生的思想动态、前途命运以及班级的建设与发展。我们许多班主任满腔热情，事必躬亲，早晚跟班，无所不管，甚至充当着“管家”“警察”或“保姆”等多重角色。这种管理有其利，但弊大于利。管得过多过死，容易造成学生依赖性强，创造性、独立性差，缺乏自我教育与自我管理能力，也容易使我们陷于杂务，疲惫不堪，不利于我们自身的完善与发展。因此，作为一名班主任，要想做到“管”“放”自如，就要充分调动学生参与班级管理的积极性与自主性。

为了达到学生自主管理的目标，在本学期我与孩子们设立的班级目标是“我的班级我做主”，以提高全部学生参与班级管理的意识，提高学生自我管理的能力，将孩子们的自我约束能力与自我管理能力培养成一种习惯，使他们做到老师在与不在一个样，同学管与不管一个样；使小班干部们能明确各自的职责，自主行使权力，真正成为班级的主人，还权力于学生，将班级工作有声有色地开展起来。为了达到如期目标，我采用了“给人自由，任其选择”的方法，从以下几个方面入手，做了以下工作。

第一，在班级中设立7个部门：管理部、学习部、纪律部、宣传部、体育部、卫生部、后勤部，利用班会课将岗位设置向学生讲明，然后让学生根据自己的愿意，写竞选稿，自己上台竞选。全员参与，在第一轮选举结束后，36名同学有了合适的岗位，为了让剩下的9名同学也找到自己合适的岗位，我让学生根据本次活动写出自己的参与感受并向学生提问根据班级的需要还可以增设哪些岗位，学生态度积极，纷纷提议可以增设桌椅监督员、抽屉检查员、疏通部等。在同学们的建议下，我们又将卫生部、后勤部、纪律部、宣传部进行了扩展，在班级进行了第二次竞选，将桌椅监督员、抽屉检查员纳入卫生部，后勤部又分为三个小组——餐厅组、财务组、维修组，将疏通组纳入纪律部，宣传部又专门设立了一个新闻组、宣传组、策划组（征集金点子）。经过两次竞选，我们做到了班级中“事事有人管，人人有事做”，全班的同学都参与了班级管理。

第二，各部门树立目标，明确任务，分工到人。为充分调动学生自主管理的积极性，达到“我的班级我管理”的目的，我指导每个部门的同学对自己的部门工作进行了分工。各部门为自己设立目标，明确自己的任务，为实现自己的部门目标组织自己部门的同学进行讨论，然后对组内的人员进行具体分工，将责任明确到人。几易其稿，才形成现在的计划。每个部门根据自己的目标和责任在班里开展各种活动，如体育部专门负责训练各种路队，提高学生的身体素质，管理学生跑操的质量和纪律，并利用体活课进行各种练习、跳绳、打沙包等；宣传部负责办黑板报和给同学读成语小故事或神话故事等，丰富学生的知识。学习部以提高学生的语文素养、提高学生的学习兴趣为目标，分期开展工作，如百词过关、背诗比赛、读书交流会等,这样的活动充分调动了学生的积极性,提高了学生学习的积极性。管理部的5名同学主要负责协调各部门的工作,各部门进行评比,并根据各部门上报的计划及活动协调安排。

第三,制定评比标准,并成立奖励基金。各部门根据自己部门的任务,开展评比工作,将班级每个部门的每个人员的每项工作都进行了评比,并对获胜者进行奖励。后勤部专门派人管理基金,基金来自同学们在家额外劳动的所得款,捐款的钱是同学们自己通过劳动挣得的。

班级这些活动的开展,极大地锻炼了孩子们的能力,孩子们的热情空前高涨,都以主人翁的身份来参与班级管理。其中令我感触最深的就是孩子们参与竞选后的感受与表现,有的孩子在日记中写道:“那一刻的开心只有我自己知道”“我可真不容易,紧张得我直打哆嗦”,还有一个同学是这样写的:“终于,我尝到了成功的喜悦!”看着孩子们那充满热情的面孔,我感到自己虽然很累,但是真的是累并快乐着!以前班级出现问题时,只有那些热心的同学在张罗,而现在地面纸花有人捡,桌子歪了有人摆,路队不齐有人提醒。小添和维维原本比较羞涩,上课发言不积极,就连受到表扬也会脸红,在班级工作的开展过程中因为担任了体育部长的工作,他们的能力得到了极大的提升,在班级以部门为单位开展的品德与社会的讲课活动中,他们两个的表现得到了全班同学的表扬,并代表我班向兄弟班级传授了他们讲课的经验,他们的发言也得到了兄弟班级同学的认可,同学们纷纷表示向这两个小老师学习。这种“给人自由,任其选择”的班级管理新做法,取得了可喜的成绩。

为了让孩子们自始至终保持这种积极性,也为了让更多的孩子得到锻炼，在今年开学初，我又让孩子们进行了轮岗，但还是奔着“给人自由，任其选择”的道理，我让原先的7个部长荣升为岗位小导师，分配到原先部门去指导工作，每月轮流一次，隶属于管理部，然后让原来的管理部成员自愿竞选到别的部门去，同学们可自由竞选部长，自由选择新的成员，整个过程充分让孩子自主选择，自由竞争，充分发挥孩子的主动性。

花是世界的春色，花是人间的温馨。躺在病房中，友人送来一束鲜花，你会顿感春意融融；晚会上登台唱支歌，儿童献上一束鲜花，你会倍加欢欣鼓舞。人在旅途，孑然落寞，路旁一朵花儿向你颔首，会驱走你心灵的孤独；老人独坐黄昏，窗台上一盆雏菊倏然怒放，会给你带来生命的惊喜……为了让我班里的每一朵花更好地绽放，我将继续上路，接受挑战，抓住机遇，帮助孩子们创造一个更加崭新的明天。

小小评比栏，大大的作用

青岛崂山新世纪学校　高　嫄

班级是学生学习生活的重要场所，班级的文化氛围对人的品性起着潜移默化的熏陶作用。班级布置是班级文化的重要组成部分，也是形成班集体凝聚力和良好班风的必备条件。作为一名班主任，重视班级文化的布置，巧用评比栏，能发挥出班级文化建设“润物细无声”的积极作用。

在班级评比栏的设计上，我会根据不同年龄的学生设计不同的评比内容。

一年级上学期：一年级的孩子刚入学，自控能力比较差，对于学校的要求是左耳进右耳出，多数孩子以自我为中心，没有集体观念。所以在这一时段要让他们适应学校生活，懂规则是很重要的。我在一年级设计的评比栏是“我是小学生啦”，每个人把自己的小手掌印在一个大房子里，这是为了让孩子先有“班集体”概念。对于这些刚从幼儿园出来的孩子，角色转换还需要一些时间，所以在设计时没做任何的评比项目，只是为了帮助孩子养成好习惯。

一年级下学期：在经过一个学期的适应，我发现评比栏有一些问题，比如，没有评比细则，不方便老师总结，也不能起到引导作用；一张旧的评比栏已经没有上学期那么大的刺激了，评比栏的作用也微乎其微了。为此我又设计出下学期的“看看谁的果子多”，里面就有细则了，有学习、纪律、卫生、活动这四个方面，做得好的可以加上一个果子，学期末看看谁的大树结的果子最多。这种方式能更好地调动学生的积极性，帮孩子养成良好的习惯，发现学生身上更多的闪光点。

与一年级有所不同的是，进入二年级后，我认为班级评价应该侧重于培养班级民主氛围，于是制定了更加详细的班规，使班级管理有法可依。当然，班规的制定经过了一个循序渐进的过程。首先在开学前夕，初步制定了一些管理的要求。在这学期开展“我是小主人”的评比，如“我是班级小主人”“我爱我班”“我为班级添光彩”等一系列活动，告诉学生他们是班级的主人，班级管理人人有责。我们班除了班委外，每组设有组长、副组长、卫生组长。班里的同学差不多个个是干部。组长负责收作业；副组长主要负责登记日常德育加减分情况，每10天结合班级评价“我是小主人”，在班里汇报一次，并负责德育考核；委员长和副委员长的职责在班规中都有明确的规定。因为管理规范，我班基本达到了人人有事做、事事有人管。在实践中，师生不断完善班规，形成了良好的班风。在整个管理班级的过程中，我有一点最大的体会，就是所有的事情尽量让学生自己去做。当班主任就好比做父母，如果什么都包办代替，那是培养不出成才的子女的，而应该是在民主地对待他们的同时，充分发挥他们的自主性，只在适当的时候加以引导。我充分利用了每周一次的班会课，先由学生自己总结上一周班级的情况（组长和副组长总结本组情况，纪律委员长、委员长总结全班情况，科代表总结各科学习情况，另外全班每一位同学都可以发言，班干部尤其如此）。然后由我总结；纪律委员长和副委员长都要上台总结当天情况；课堂纪律被扣分的学生做自我批评；凡有班级问题需要讨论时，鼓励每一位同学发表见解等。经过锻炼，学生的胆量越来越大，能力越来越强，慢慢出现了许多人才，第二课堂活动效果显著。

应该说，这期评比栏，给学生提供了一个尽情展示才华的大舞台，学生只要达到相应的程度要求，就可以赢得一分；还培养了学生的主体意识，为建设学生自主管理型班级打下了扎实的思想基础。经常进行成就强进化也充分激发了每个学生自主管理的意识和参与欲望，爱护了学生自主管理的积极性。只要教育得法，每个孩子都会成为班级管理的积极参与者。

看，一个小小的评比栏，却有大大的作用，学生在这里找到了自我展示的平台和空间，学会的不仅是调整自己的学习和行为，也在不断享受着取得成绩那一瞬间的成就感和荣誉感；学会了发现，发现自己身上的不足，也发现别人身上的闪光点；学会了比较，比较自己与他人的差别；学会了欣赏美，学会了欣赏别人取得的成绩……

读书班队会发言

青岛基隆路小学　李明超

我担任五·二班班主任两年多来，通过多种方法激发引领孩子们走进了芬芳的阅读童年，创建起一个芬芳的书香班集体。我总结了五个智慧的阅读指导法。

一、阅读有时间——抓住零碎的时间引领拓展阅读

每天抓住三段时间组织阅读：充分利用了早上的语文自主晨读时间、中午 1:00—1:30 的午休时间和班队会的时间。在这些相对固定的时间段里，引导孩子们采用自主化管理模式，以轮流的形式每天由班里的两名孩子组织诵读，在心理上营造起更加宽松、自由的阅读氛围。如今，抓住零碎时间进行阅读，已经成为学生们自觉的习惯。

二、班级博客读书论坛——创建阅读交流天地

在班级家委会的支持下，每学期组织孩子们同读至少四本书籍。同读必然有同感，同读必然可分享。因此，我充分利用网络化平台班级博客创建了班级阅读交流兴趣天地。每天给学生布置一定量的课外读书内容，同时提出一个富有启发性又能调动学生深入思考的问题发在问题栏目中，孩子们在家阅读完当天的内容后上班级博客进行问题的解答与分享，由此博客成为孩子们都热切关注的阅读窗口，你的感想，我的收获，大家相互评价，相互汲取，课外阅读由来自外在的压力转化为自觉的行动，班级阅读活动掀起热潮。

三、亲子同读——营造书香家庭

1. 精心选择阅读书目

家委会的家长们被班级孩子们的阅读热情所感染，也都纷纷参与到了读书推荐和阅读活动中。如精心选择书目推荐给孩子们，共同确定同读书目名单，共同参与孩子们的阅读指导等。

2. 亲子同读

（1）鼓励家长每天抽出半个小时左右的时间和孩子走进书房共同阅读，这既促进了亲情沟通，又营造了书香家庭。

（2）家长走进课堂，分享自己的阅读经验，带动整个家长群体阅读氛围的形成。家长分享自己的阅读经验，有传统和现代的不同的途径。传统的途径可以利用家长会这种形式，在“家长学校培训”环节，邀请在家庭生活中有良好亲子阅读习惯的家长，登上讲台来分享自己的读书经验，这样的形式可以面对面地进行交流，方便其他在听家长随时提出自己的问题和困惑，也方便讲课的家长第一时间进行解答。家长个体中榜样的作用是充分的，能够逐步给其他的家长以示范和引导。

（3）我们相继建立了班级qq群和班级微信群，围绕读书的问题，家长们有什么读书的经验可以分享，都可以及时在这些媒介中进行交流，以方便大家达成广泛共识，最大限度地增加家长参与读书的热情，以更好地带动学生的读书活动。

四、结合“翔宇阅读过程性评价”展开自主的反思与评价

学生的阅读毕竟是学生自己的事情，也理所当然应该成为学生自发的行动。任何来自老师的压力、来自家长的压力

以及外在的动力对学生的作用都只能是暂时的，要使学生能够将阅读进行下去，必须依靠来自学生自身的动力，这就需要学生阅读的过程性评价。作为班主任，每次在评选时，我都引导学生带着认真负责的态度审视自己这一段时间的读书活动，实事求是地评价自己，发现自己的优点，继续努力；找到自己的不足，积极改进，以不断提高学生读书的实效。

五、与学校的“书香校园”建设、“翔宇读书节”等相衔接

首先，学写儿童诗歌，进行诗歌会，培养学生兴趣。

在本学期的晨读活动中，班级中的孩子经常会朗读一些特别优美的小诗和散文等，既沉浸在优美的语言之中，也在不知不觉中走进了语言文字的情境之中。利用班队会以及课余的时间，我也组织学生模仿现代诗的模样与格式，学着创作自己心目中的小诗。但是要注意的是，对于小学生而言，要引导学生从兴趣的角度出发，写自己的观察，写自己的感受，写自己的思考，切不可急功近利，对学生提出过高的要求，要求写出高质量的诗歌。

其二，进行经典话剧表演，丰富对文学经典的体验。

经过这一学年课外阅读的坚持，班里的学生已经陆陆续续读了不少的文学作品。学生从中体会到了不同人物的性格特点，领略了不同地域的风土人情，在被故事情节深深吸引的同时，也有了对真善美的认识。学生的感受和收获体现在他们的语言文字的表达中，体现在他们的作业之中。

第三，在本学年，我组织班里的学生开展“萌芽小作家”活动，在班级中准备了一本精美的本子，用来让学生的作文创作。采用轮流写作的模式，让每个学生都参与其中。我会在周一、周三、周五将本子发给学生，给学生较为充足的时

间进行写作，写作的内容不限。学生可以写自己的观察与感受，可以写自己生活中的小事，也可以学习课外阅读作品进行自己的创作。学生都很乐意参与其中，而且每个人都竭尽自己的所能，想达到自己最高的水平来。老师利用课余时间也会给予学生进行指导，指出学生习作中的优点和不足，经常利用班队会和中午等时间给予学生朗读自己作文的机会，这样就更加提高了学生的积极性。

最后，利用读书竞赛与考试的形式激励学生不仅要读书，还要读好书。

学校定期会针对不同年级的阅读书目及阅读的情况，组织有针对性的读书竞赛，作为班主任和语文老师，我精心选择题目，严谨地制定答案。在题目的设计和操作的环节上也是立足学情，采用分层设计的形式开展。何为"分层设计"题目？学生中有读得非常好的，有较为普通的学生，当然也有学困生，在题目和形式上要对上述学生都有所考虑，题目采取由易到难的形式开展。

将爱化作春风细雨，推动学生健康成长

青岛基隆路小学　李明超

在2010年学年度，我担任了五年级四班的班主任，刚开始的时候，学生很浮躁，后进生多。经过一段时间的整顿调整，班级管理有了很大提升，特别是在班风和学生品德方面更是有了很大的提升，具体做法如下。

一、创建和谐、积极向上的班风

一个班级的班风如何，直接影响着这个班级的各方面

工作，影响着学生的品格形成。开学以后，我努力营造一种积极向上的班级风气，让孩子们体会到班级是一个积极向上的、处于进步状态的班级。

首先努力树立班级中的榜样，发挥榜样的示范作用，以此来带动其他学生。树立一个榜样的作用远比批评一个学生的收效要大得多。比如班里的杨鸿一同学，刚开学的时候，他有些抵触情绪，对老师似乎也不大尊敬，有一天，听教过他的一位老师说，他现在懂礼貌了，热情地与老师打招呼，那是以前没有的现象。于是我在课堂上将他大大表扬了一番。此举收效很大，他见了老师都能热情地打招呼而且带动起一批这样的学生。二是及时把其他老师的表扬传递给学生。班级里只要出现了一些好的现象，我都会及时传达给学生，让学生真切地感受到自己的班级确实在渐渐地进步。三是利用学校里组织的活动，培养团结、和谐友爱的班级氛围。下学期的时候，学校里举行了拔河比赛，之前，班级里男女同学之间还有些抵触的情绪，但在这次比赛中，学生们相互协作，共同努力，夺得了第一名的好成绩。同学们懂得了团结的重要性，班级更加和谐，也增强了自信心。在长期团结的氛围中，学生们有了非常强烈的集体荣誉感，班级整体风气积极向上，充满了活力。有一件事令我很欣慰，因为学校里要为公务员考试清理考场，那天正好我出去学习，所以也没提前安排学生，回来的时候听副班主任说："咱班的孩子现在真好，自己主动留下来帮老师打扫卫生，兰晓萱、娇桥、杨鸿一等几个孩子都干得很晚，而且用洗洁精把桌面擦得很干净，一点也没有埋怨。"回来后，我找到杨鸿一，说："星期五的时候，你表现得真好，知道为班级做贡献了。"杨鸿一说："一开始的时候，我们不懂事，惹老师生气，现在咱们班的同学都在进步，老师也经常教育我们要懂事，所以我们也不能落后啊。”说完，他摸着头微微一笑。我也感到良好的班风真的对学生产生了积极的影响。

二、培养学生良好的行为习惯

小学时期是培养学生良好的行为习惯的最为重要的阶段。收获一个良好的行为习惯真的可以受用终身。在平常的工作生活中，我非常注重学生品德方面的教育。一是培养学生尊敬老师、团结同学的意识，积极表扬懂礼貌、有礼仪的学生。二是积极地倡导学生体谅和孝敬自己的父母，帮助父母做力所能及的事，如帮父母摆好桌椅，捶捶背，捏捏肩等。通过这样的小事，培养学生体谅他人、理解他人的意识。三是积极表扬热心帮助学生、为班级里做好事的学生。班里学生在思想品德、行为习惯等有了很大进步。比如，孩子们在对待老师的礼貌方面有了很大进步，孩子们对待自己熟悉的和自己不完全熟悉的老师都能够热情地问好。在老师刷完饭盒后，班里的孩子们也能够想着帮老师去送。像程涛同学，他学习基础有些弱，学习有些困难，但中午的时候，总是主动热情地帮助老师送饭盒。有一次，我发现他的小手里已经有了好几个饭盒，就对他说：“你拿不了了，交给别人吧。”他笑着过来拿饭盒，说着：“老师，给我吧，给我吧。”

三、在班级管理上，我做了一些调整，引入了民主。竞争等理念

首先，给孩子们提供更多的锻炼自己的机会，除了班里的常规班干部外，每天设立一个值日班长，每周推选一个值周班长，值周班长采用学生投票选举的形式，学生可以自己参与竞选，以便给孩子们引入竞争的理念。通过这一形式，许多孩子表现出了自己的热情和能力。

其次，我也采取孩子自治的办法，努力使孩子参与到班级管理中来，自己管理自己。班里的班干部如赵卓、娇桥、张缨元等都能够认真负责地做好班级里工作，值周班长范立奥、潘新颖、陶兆坤、仲星宇、潘新颖，还有各科的课代表李少彬、潘新颖等也表现突出，展现出了自己突出的能力。

再者，许多事情，我在慢慢放手，让孩子们自己去做。这样做是给孩子们以独立性，给他们锻炼的机会，比如，学校举行的跳绳比赛，从组织、报名到训练比赛，都是孩子们一手策划，取得了很好的成绩；元旦庆祝也是孩子们自己去设计和布置的，也能够做得井井有条。

最后，我觉得锻炼孩子的心理素质是非常重要的，在课堂上我鼓励学生大胆发言。其实孩子举起的不仅仅是自己的小手，同时也是自己的一份自信，对于锻炼孩子的语言表达能力以及逻辑思维能力都有重要的作用。经过一个学期的锻炼，有的孩子从中获益匪浅，性格上不再那么优柔寡断，变得自信了许多。比如，罗俊潇这个孩子，在我刚接班的时候，上课基本上不举手回答问题，或者说根本就不敢举手回答问题，记得他第一次举手回答问题的时候，脸上通红通红的，感觉差点晕了过去，不过现在好多了，还经常富有感情地朗读课文，状态好了许多，还有田润丰、王静、曲静怡、王昊洋等孩子。

现代教育倡导的是“以人为本”的人文性教育，我国著名教育家陶行知先生说过：“学生是学习的主人、生活的主人、自我管理的主人。”还指出，“学生自治不是自由行动，而是共同管理，不是打消规则，而是大家立法守法。”因此，我把培养学生的自治能力、自我约束能力、自我教育能力作为班主任工作的突破口。

用心做好班主任

青岛市崂山区晓望小学　刘细细

我和所有的班主任一样，每天都在忙碌着、思索着、努力地做着班主任工作。下面我谈谈我的班主任经验，不当之处请大家批评指正。

一、用真情感染教育学生

高尔基曾说过："谁爱孩子，孩子就爱他，只有爱孩子的人，他才可以教育孩子。"做教师的我们要爱每个学生，不管是学困生还是学优生，不管是家庭富裕者还是家庭贫困者，不管是活泼外向者还是斯文内向者，都要尽力做到一视同仁，同时必须让学生们感受到我们的爱。也许有时我们会无意间忽视或者冷落某个孩子，但是待到察觉时一定要及时调整，及时送出关爱。孩子们都希望受到关注，有存在感，当他们感受到老师很关注他们时，就会表现得更好。所以我们老师的一句话、一个眼神、一个手势对孩子们来说就是关心，就是鼓励，就是爱护，作为老师的我们不要吝啬。

二、用信心鼓励教育学生

在日常生活学习中，班主任要当有心人，观察学生最近的变化，了解他们的想法、遇到的困难或不开心的事。积极的要鼓励，消极的要开导，危险的要排除。只有做到细心才能掌握学生的动向，为教育做准备。有些学生所形成的坏习惯由来已久，想要改变它们，不是做一两次工作就能解决的，这就需要班主任在对症下药的同时反复做工作，用自己的耐心帮助学生。有句话说得好："你进他就退。"其实教育学生也是这样的。

更重要的是班主任要对每个学生充满信心。“每朵花都有盛开的理由，每棵树都有泛绿的时候。”班主任们心里一定要有这样的念头：“能成才的要使其成才，不能成才的要使其成人。”毕竟我们的教育是教书育人，我们不仅要教书更要育人。有了这样的念头，相信你会发现学生身上的不同，从而对每个人的要求不一样，这样更有助于教育学生。教育才不会显得那样的单一、机械、粗暴，无用、令人迷茫。班主任对自己有信心意味着对学生有信心。

三、用智慧激发引导学生

（1）跟学生沟通要注意说话的方式技巧

曾听过这样一句话：“教育孩子要遵循人性。”人是追求快乐、避免痛苦的生物。我觉得这很有道理。如果我们不加修饰地批评和指责，那么学生就会不快乐，就会和老师顶着干。其结果往往是孩子缺点没改掉多少，优点也没有得到发展，“赔了夫人又折兵”。如果先发现他的优点进行表扬，对缺点再加以引导，也就是先扬后抑，效果会更好一些。

记得我们班小溪同学有一次顶撞老师，我跟他沟通。“我觉得你是一个认真负责、积极懂事的人。在班里有什么事情你都积极地去做，老师和同学们对你的评价都很高。这样的行为不像你的作为。”可他一直在说老师这不对、那不对，说都是老师的不对。我就引导他：“老师有他不对的地方，那你呢？”他低下了头，过了一会儿，说：“我以后应该注意说话方式，不应该那么冲……”作为班主任，在孩子身上发现他强的一面，并引导其得到充分和谐的发展，我想这是教育对孩子最大的帮助。

班主任要把积极鼓励的话常挂在嘴边：“老师相信你是个好孩子。”“只要用心学，你可以学会的。”“犯错误是难免的，有错就改是好孩子。”……总之，班主任的话应该对学生充满信任、尊重和鼓励。

（2）责任包干制充分调动孩子们的积极性

班主任的工作是繁重的，是琐碎的，是无休止的。这种情况下，把一些工作交给孩子们去做是不错的选择，孩子能做的老师绝不代替，孩子能力不够的老师从中提点，孩子不仅实践了自己的所学，还能从中感受到自己是班级的主人，有一种主人翁的意识。因此我班里的事务都是根据个人能力，通过自荐、别人推荐等方式责任到人。谁负责垃圾桶和后面卫生，谁负责楼道卫生，谁负责黑板和关灯等。如果有什么情况就找责任人，总之，班里每个同学都有自己负责的任务，完成情况我会在每周班会上进行总结，好的方面及时表扬，不足之处一起讨论下一步的改进计划。总之，我们班的同学各有所管，各有所做，积极性调动起来了。班级管理让班级各项工作得以顺利进行，我也轻松了很多。

（3）讲究与家长交流技巧

在平时工作中，我知道，没有家长的积极配合，对好多事情我们都有心无力。班级管理的很多方面，家长来做要比班主任更有效果和意义。作为班主任，我努力采取各种措施调动家长关注和参与班级管理的积极性。

我在与家长交流时，总会先与他一起找到问题的症结并分析原因，更重要的是帮助他们找出事情有可能转机的地方，然后想办法对症下药。其实后续工作更重要，家长在实践中会遇到各种各样的问题，我及时与家长沟通、交流，不断地根据孩子的变化改变策略。同时，学生有了进步我不仅夸学生，还注意夸家长，但夸的时候针对某一点，让家长感受到自己的成就，令他们信服，而不是泛泛而谈。正因为如此，我与家长的关系总是很融洽，在家校合作方面还是比较成功的。方法总比问题多，这是不争的事实。作为班主任，我们不要总抱怨孩子和家长，更重要的是引导家长如何正确地教育自己的孩子，让家长在教育孩子方面充满信心。

班主任一贯只讲付出不计回报，用自己的奉献精神，在成就学生的同时完善自己。

各位班主任都有自己的优点和长处，希望我们能在一起多多交流管理学生的经验，共同成长。

一粒小种子的收获

青岛市崂山区实验小学　宋丹丹

参加“新基础教育”学生工作方面研究的我就像一粒刚发芽的小种子，从两年前刚接触时的懵懂到现在孩子们在班队活动中受益，我和孩子们在不断地萌发、破土。在这段摸索的过程中我也曾遇到过问题无从下手，也曾为选择主题找不到头绪，幸运的是学校“新基础教育”学生工作研究团队不断地给予我机会成长、研讨，让我这粒小种子越来越有自信。

一、在班级岗位建设与小队建设方面培养孩子的主人翁意识与领导力

小岗位建设分两步走：一年级异人异岗，每个孩子都有事可做。上学期班级中 80％的孩子都有自己的小岗位，如桌洞小管家、薄本分发员、爱眼护眼小卫士、节能小专家、课间大喇叭等都是孩子们讨论得出来的岗位，这些岗位并不是一成不变的，会根据孩子的发展需要不停地变换，比如：随着

孩子课前准备习惯的养成，课间小喇叭这一小岗位就慢慢退出舞台。一年级下学期在每个人都有自己岗位的前提下实行轮岗制度，让每个孩子都体验到不同的岗位。二年级异人同岗，每个岗位都精彩。一年级时孩子们都体会到了每个岗位的具体职责，二年级便以小队建设、培养学生集体意识为重点，小岗位的建设也围绕这一重点展开，同一个岗位多人负责、定期评比、定期轮岗交流，不仅完成负责的内容而且培养孩子高效完成的习惯，提高学生的能力。

小队建设在二年级上学期根据位置划分为八个小队，由孩子们自己讨论得出队名、口号、队长等并定好小队名牌；全班的常规管理都以小队为单位进行评价反馈。二年级下学期在八个小队的基础上整合为六个小队，进一步培养学生的集体意识，同时为三年级的部门建设做好准备。

二、以班队活动为载体培养孩子们的领导力。

我们班的孩子从一年级就一直跟随着“新基础教育”学生工作领域方面的研究，有幸被专家指导过多次班队活动。比如，习惯养成方面的一起玩游戏、玩转小游戏；童眼看四季中的“我和秋天有个约会”“水果大乐逗”“童眼看春天”“种下一粒小小籽”“小种子哪去了？”等班队活动。跟随着研究的步伐，学生的主人翁意识、集体意识越来越强，初步形成了合作探索的能力，但随着思维的碰撞也出现了一些新的问题。比如，在“种下一粒小小籽”系列活动中，孩子们都有自己的分工，可是种下小种子后大家把分工都抛之脑后乱了套，这让我有以下几点思考。

1. 班队活动的组织应该融入学生的日常生活，而不能为活动而活动。要通过活动促进学生的发展。

2. 岗位建设要及时跟进与调整。在此次班队活动中，我把岗位建设与播种小种子割裂开来，每个人都有了小岗位，又让他们讨论分工照看小种子，形成了“狼多肉少”的局面，小种子自然就被“爱死”了。

3. 班级岗位建设的评价、反馈要及时。让孩子及时查缺补漏，为下一阶段更好地发展做准备。

作为“新基础教育”研究中的一名新教师，我要走的路还很长；但我相信，只要扑下身子踏实地走好每一步，扎实地组织好班级的每一次活动，就一定会有不一样的收获。

让每一片叶子都精彩

青岛市崂山区实验小学　于文洁

世界上没有两片完全相同的叶子。孩子更是如此，作为老师要尽最大可能让每个孩子得到发展，发挥出他应有的价值。

“新基础教育”的学生工作突出“日常”“系列”“整体”工作的独特，并在此基础上，重新研究大型活动、特殊类型的活动、特殊时期活动的价值实现与内在整合。

一年级

增设班级岗位，把主人的地位还给学生。将班级生活的管理权、参与权还给学生，在日常化的自我管理中，锻炼、发展学生。教师先设部分岗位，由学生认领。如果多人认领同一岗位，则通过竞争上岗。之后鼓励学生自己发现和设置岗位。轮岗周期大约是半个学期，视具体情况而定。

开展四个主题系列活动："我是懂礼貌的神气娃""我是爱读书的神气娃""我是守纪律的神气娃""我是能独立的神气娃"。

评价方式：自我评价与教师评价、家长评价相结合的评级机制。学生每天根据老师发放的奖励，在练习本上给自己做出一天的评价，然后再让家长对回家的表现打分，根据这三者的分数给学生发放一定的奖励和表扬信。

一年级刚入学班主任一定要耐心一样一样地教。比如课前准备、课间纪律，怎样上课怎样听讲，甚至怎样洗手、怎样剥鱼剥虾、怎样值日等。

有布置就要有落实，落实规定必须说到做到。

为孩子树立正确观念：做什么事都要有理，要以理服人。

一年级的班主任更要有耐心和爱心。比如，经常提醒孩子喝水、餐后苹果切开让孩子吃、冬天的牛奶在暖气片上热一热再让孩子们喝。

二年级

小队建设。小队建设与岗位建设相结合。每个小队负责一类岗位，如卫生、宣传、文体、学习、后勤等。岗位的轮换也是以小队为单位进行的。小队内部再在小队长的带领下，自主进行工作岗位的分配和轮换。

成立小队时，各小队要在队长的带领下讨论确定小队名称，设计小队标志。后期为了增强小队凝聚力，可以让小队成员用几天的时间去观察和发现自己和队员的长处，并讨论寻找小队的共同努力方向，引导学生个体思考如何为小队出力。

小队间开展“传本子大赛”“劳动比赛”“卫生比赛”“歌咏比赛”“板报设计比赛”等来增强凝聚力，同时借助家长力量，课余时间多多开展实践活动。

小队评比：根据得分情况，每个星期得分最多的小队就是优胜小队，给予这个小队相应的物质奖励，并将优胜小队的照片加上皇冠设置为班级电脑桌面背景，显示在教室前的屏幕上，让所有任课老师都关注我们的小队评比。同时开展“小队马拉松赛跑”栏目，每周优胜小队可以前进一格，看哪个小队先到终点。小队中还可以设置“组织奖”“实干奖”“特殊贡献奖”“协作奖”“诚实奖”“默默无闻奖”等。

和学科教学结合起来进行德育。可以借助童话、儿童故事、成语故事等载体，让学生在阅读、讲述、表演过程中受到潜移默化的影响，明白事理，净化心灵，培养良好的行为规范和道德习惯。同时，在活动中学生学会了合作，增强了小队凝聚力。

作为年轻老师，在不断摸索和不断学习中得到一点点收获，及时总结。再把得到的点点收获用到实际班级管理中，相信孩子们会越来越精彩。

班主任如何做到“严”而有“爱”？

青岛新世纪市北学校　宋　俊

在我心中，班主任对每个孩子而言，应该是除了自己的亲人之外最能为孩子们无私奉献的人，这也是我为之努力的方向和动力。

时代呼唤和谐，社会的发展需要和谐。构建和谐的学校，是时代赋予我们每一个教师的责任。班级是学校的一个细胞，和谐的班级构成和谐的学校。班主任在构建和谐学校中起到至关重要的作用。

从我上学的时候，到我现在当班主任，我经常会听到：在管理班级的过程中，必须要以“严”字当头，要有严密的班级管理规范、严格的班级管理、严厉的班级处罚，班级管理才会有成绩。

记得有一次，孩子们在上自习课，我快到教室门口时，忽然，教室里传出“城管的来了！”刚才还叽叽喳喳的教室里，顿时鸦雀无声。想不到竟然有学生把我当作“城管的”！我火冒三丈。不过，我还是慢慢地冷静了下来。

我开始反思我的班级管理，不想不知道，一想吓一跳：我的一些行为的确有些像某些“城管”。对那些违反班规的学生，我不也是常常没收他们的球拍，没收他们的小玩意，没收他们的漫画书吗？不也是常常摔他们的笔，扔他们的书，撕他们的本子吗？看来，我的班级管理缺乏人性化，如果不及时矫正，那么我与学生之间的关系迟早会有崩溃的一天，更谈不上和谐了。

我深刻地认识到，在班级管理中，一味强调教师权威与尊严，以教师为中心，会抹杀学生的个性，会导致师生之间缺乏平等的沟通与对话，师生关系必然存在隔阂。因此，班主任应该尊重学生的个性与人格尊严，使师生之间形成一个互相尊重、互相关爱的和谐关系。著名教育家叶圣陶认为，师生之间应该确立朋友一样的和谐关系，他说：“无论是聪明的、愚蠢的、干净的、肮脏的，我们都应该称他们为小朋友。

我要做学生的朋友,我要学生做我的朋友。”在教育界有一句流行的名言:“把学生看作天使,教师便生活在天堂;把学生看作魔鬼,教师便生活在地狱。”

通过班级管理的实践,我觉得建立和谐的师生关系关键在教师。班主任在日常的班级管理过程中,要“以己之身,及人之身”。以热情换取坦诚,以坦诚换取信任,以信任换取和谐。面对学生缺点与错误,班主任要懂得善待。

1. 善待学生的学习困难

每一个班级或多或少都有几个“后进生”,对他们,老师最容易产生怨气,老师与他们之间也最易产生不和谐音。其实,“后进生”比其他学生更渴望得到家长、老师、同学的尊重与爱护,因为他们比学习好的学生承受着更大的心理压力。所以我们一定要善待他们,真诚地向他们倾注情感,用真心、善意去打动他们、启发他们、诱导他们,逐步增强他们的信心、勇气,并耐心细致地培养他们。

2. 善待学生的顶撞冒犯

小学生缺乏自控能力,容易冲动,特别是高年级的学生,冒犯老师的现象时有发生,表现为当面顶撞、背后谩骂,严重者甚至与老师动手。而班主任更容易被学生冒犯。对于学生的冒犯,若处理不当,轻则对当事人造成不良后果,重则影响到学校声誉和社会安定。因此,班主任应严肃谨慎地应对学生的冒犯。面对正在发生的冒犯,应冷静,切忌激动、上火。恰如苏霍姆林斯基所言:“教师的职业意味着他放弃了个体喜怒哀乐的权利,以确保自己胸怀宽广。”

学生可以不好,但老师不能不善。班主任应该善待学生的冒犯。

3. 善待学生的个性表现

人是有个性的，这种个性表现为不同的人有不同的性格特征和心理倾向。就性格特征而言，有的好动，有的孤僻，还有的倔强固执、有的坚强、有的软弱……由于学生的个性表现往往影响班级的整体形象和荣誉，因此，有些班主任不能容忍学生的这些表现，并加以限制，从而引发师生间的矛盾。我们知道，如果一个人没有了个性，岂不就没有了丰富多彩的世界吗？个性与创新总是相伴而生，没有个性的人总是墨守成规，没有个性的群体就像一潭死水。对于学生的个性表现，班主任必须持宽容态度，并努力优化其个性优势，不断地帮助他们克服不好的一面，把劣势转化为优势。

4. 善待学生的讨好心理

小学生喜欢讨好老师，特别是那些学习不太好的学生。他们爱多事，常常成事不足，败事有余，容易引起老师的反感。然而，作为班主任，要善待他们的一片好心，不挫伤他们的积极性，呵护他们幼小的心灵。我觉得，教师要常常提醒自己：我们的学生是活生生的人，教师与学生之间首先是活生生的人与人的关系，我们每时每刻都在与学生进行着心灵的接触。只有我们全身心地关注学生的生活，关注他们的内心世界，善待他们，给予他们最大的赏识、最平等而又博大无私的爱，我们才能真正走进孩子的心灵，赢得最强有力的教育力量。

5. 善待学生的违规犯错

学生违规犯错是经常发生的，这也是班级管理的主要麻烦，师生的冲突也多发生在这里。俗话说："人非圣贤，孰能无过。"学生是人，而且是未成年人，不是圣人，在成长过程中有待于我们教师去培养造就，我们要包容学生的失误，要善待犯错误的学生，给他们改正的机会，因为我们是教师，而不是警察。全国优秀班主任魏书生说过:“学生不管多么难教育,毕竟是青少年,其内心深处一定有一个广阔的世界。”教育学生时,不要站在学生的对面,规定:你们能怎样,你们不能怎样。而要力争站在学生的角度提出:我们需要怎样,我们怎样做才能更好。

总之,班主任心中有了爱,才能善待学生,尊重学生是爱的前提。教师要改善自我,放下“师道尊严”的架子,心胸豁达,炽热认真,一视同仁。用一颗慈爱的心去善待学生的一切时,和谐的师生关系必然能够建立起来。

注重细节教育,规范常规管理

崂山区沙子口小学　王雪红

担任一年级班主任时,我就常听一些家长说:“我家的孩子听不懂大人说的话。”我在工作中也遇到了同样的问题,如果不考虑学生的认知能力,在教师没讲清或学生没听明白的情况下,就让学生去完成某项任务,学生们只能是瞪着眼睛看着你,不知道应该怎样做,或者其行为往往事与愿违。这样做的结果,不但使学生产生挫败感,而且不利于他们掌握做事情的技能。为此,我常常思考,怎样才能让学生听懂老师的要求并根据要求去出色地完成任务呢?

我认为,首先要蹲下来,以孩子的视角观察事物,用孩子能听懂的话和他们交流。其次,要注重细节教育,把该做的事指导到位。比如洗抹布,我通过观察发现,小孩子洗抹布的方法是,把抹布扔到水里,涮一下,一捏就行了,抹布根本没洗干净,因此,用这样的抹布擦过的地方还是那么脏。为什么会这样呢？是因为孩子小、什么也不懂吗？是孩子有意糊弄吗？我认为都不是。这只是儿童心理发展特点使然。因为他们很想按照老师的要求去做，很想把事情做好，但是，不知道怎样才能做好。针对这种情况，我专门教他们洗抹布。我先打来一盆水，然后教他们怎样搓，怎么拧，告诉他们只有拧出的水清了才算干净。这样的身教非常成功。现在再看看他们洗抹布，一个个可认真了，都洗得特别干净。同样的道理，打扫卫生、物品摆放等工作，只要把要求的细节说到位，小孩子就能听得懂、做得到。再来说说我怎样使学生学会收作业吧，我让他们同桌的作业摞到一起，从后往前传，自己的作业放在下面。每组的传上来后，教他们怎样摆放，一组正，一组反，组组分明，便于批改，便于发放。学生通过观察、模仿很快就领悟了要领，这样，哪一个孩子还能做错呢？通过对学生日常行为的教育、管理和约束，学生的观察力、生活技能都得到了大幅度的提高，在学校的各项活动中给大家留下了反应迅速、能力超常的印象。现在，班级日常管理的各项工作，比如晨读、自习课的纪律，中午的古诗词诵读等，都有学生组织，管理效果特别好。

一年级孩子们的心灵是一张洁白无暇的纸，就看你画上去的是灰色的点还是亮丽的彩虹。只要我们充满爱心，爱严结合，细致入微，一定会取得令人满意的效果。

班队会设计

“妈妈，您好！”主题班队会

青岛市崂山区晓望小学6.2中队

青岛市崂山区晓望小学　刘细细

一、活动目标

让学生了解母亲为自己成长所付出的艰辛，理解父母对自己的期望，促进两代人的沟通，培养学生对家庭、对父母、对亲人有热爱、有责任、愿奉献的良好情感，增强学生的道德规范素质。

二、设计依据

1. 班级情况分析

我班共有学生44人，其中男生18人，女生26人。本班学生在行为习惯上有良好的表现，但在主动和他人交流、自信表达自己的想法等方面比较薄弱。班级家长认同学校育人理念，能积极配合老师，开展各种校内外活动。

2. 活动背景

母亲节即将到来，孩子们虽然每年都给母亲过节表达自己对母亲的感激之情，却更流于形式，而且过完节后并没有延续。基于这一点，在活动前让学生通过把气球放在肚子里一天感受怀孕母亲的不易，从而为班队会拉开序幕。我让妈妈们录了一个微视频，让孩子们通过倾听母亲的心声，感受妈妈的本意，从而拉近孩子与母亲的距离，消除他们的一部分矛盾，从而真正感受母亲的不易。最后，为了不让这次活动到此结束，不让这种感恩之情只留在课堂中，设计环节让学生说一说今后的打算，为下一步的跟踪做准备。

三、系列活动设计

阶段一：尝试

同学们把气球放在衣服里，感受一天的怀孕妈妈的生活。

阶段二：分享

交流分享一天的生活及自己的感受，写成文章。

四、活动过程

教学环节	教师活动	学生活动	设计意图
引入话题	老师："昨天我们全班同学做了一天'妈妈'，来说一说自己的感受。"	老师："我们班有的同学也把昨天的活动写成了文章，谁来分享一下？"	进入情境中，体会母亲的不容易
展开讨论	母亲的"诠释"：介绍"mother"的另一种解释： M（many）妈妈给了我很多很多 O（old）妈妈为我操心 T（tears）妈妈为我流过不少泪 H（heart）妈妈有一颗温暖有爱的心 E（eyes）妈妈注视我的目光总是充满着爱 R（right）妈妈从不欺骗我们，教导我们去做正确的事情	（1）说一说母亲节的日期以及由来； （2）讲述地震中的母爱故事，此时你想说什么？ （4）讲一讲母亲为你做的印象深刻的事，你有什么想说的？	了解母亲节的含义，唤起孩子们的回忆，让孩子们学会珍惜，体会母爱

续　表

听妈妈说	老师:"可是我却听咱们同学总是抱怨,妈妈做的饭不好吃,妈妈唠叨,妈妈打人……想不想听听妈妈是怎么想的?"(出示妈妈的话)	1. 孩子们认真倾听; 2. "听了妈妈的心声,你现在想说什么呢?"	孩子们与母亲进行交流,进行换位思考,进行情感交流
感恩母爱	老师说:"母亲节快到了。讨论一下,你在母亲节那天想怎么做,为什么?"	1. 配乐,制作母亲节礼物; 2. 展示自己的礼物(边展示边介绍); 3. 诗朗诵《致母亲》; 4. 齐诵《游子吟》	感恩母爱,表达自己的心意
总结	老师说:"本节课即将结束,对于母亲的感恩是否就到此结束了呢?今后你将怎么做?"	手语《感恩的心》表演 老师说:"每个人都应该感谢我们的母亲,是她的爱让我们学会第一句话,是她的爱让我们迈出人生的第一步,也是她的爱成就了今天的我们,所以,在任何时候对母亲都要心怀感恩之情,在母亲劳累时给她捶捶背,揉一揉肩,为她分担一点家务;在她伤心时给她一个拥抱,告诉她我们爱她,会一直陪伴左右……我们在慢慢长大的时候,母亲却在一天天变老,所以好好努力爱自己的妈妈吧。"	春季有春季独特的育人价值,但学生的成长是在校园生活中的每一天中实现的,让学生认真过好平凡而精彩的每一天
板书设计		学生们的作品	

悠悠爱国情，拳拳爱国心

青岛重庆路第三小学6.3中队

青岛重庆路第三小学　王　晶

一、活动目标

1. 通过回顾祖国历史文化中的若干片段，让学生体味祖国灿烂、辉煌的历史篇章中感人的爱国故事，培养学生朴素而深沉的爱国情感。

2. 让学生通过各种参与形式，感悟爱国的深刻内涵，从而增强学生作为炎黄子孙的自豪感与作为中国人的使命感。

二、设计依据

1. 班级情况分析

我班共有学生39人，其中男生21人，女生18人。他们已经升入六年级，习惯已经养成，大多数同学有很高的学习积极性，喜欢接受新鲜的事物，对生活充满期待、充满好奇，爱探索，基本的人生观也已经形成。爱国主义是我们民族的核心，是实现中华民族伟大复兴的精神动力。少年兴则国兴，少年强则国强，要让学生好好珍惜现在的美好时光，珍惜这来之不易的生活条件和学习环境，以优异的成绩向祖国向社会向学校汇报，报答父母、老师的养育之恩！同时要正确引导学生认识祖国的历史和现实，为振兴祖国而勤奋学习，为建设祖国贡献自己的力量。

2. 活动背景

中国是一个有着悠久文化历史的文明古国，千百年来语言文字都经过无数次更新并且不断发展，为中国五千年辉煌的历史发展做出了难以估计的贡献。前有儒家孔子、诗人屈原，中有诗人李白、白居易、杜甫，后有鲁迅、巴金以及无数的文人墨客。作为一名学生，热爱自己祖国语言，感受其美，是义不容辞的社会责任。

三、系列活动设计

阶段一：欣赏祖国的美丽风光。

阶段二：体验生活的幸福快乐。

阶段三：感受生活的来之不易。

阶段四：描绘祖国美好的明天。

四、活动过程

教学环节	教师活动	学生活动	设计意图
欣赏祖国的美丽风光	1. 我们祖国风景秀丽，有很多的名胜古迹和著名的旅游景点（指名说） 2. 课件出示黄山、漓江、蝴蝶谷、九寨沟的图片，让学生感受祖国的美丽富饶 3. 小结：祖国多么美啊！碧绿的草原，蓝蓝的大海，弯弯的江河，绘成了一幅彩色的中国地图	1. 请队员们在地图上找一找长江、黄河、长城（相机出示课件，做简单的介绍） 2. 老师说："你到过中国的哪些著名的旅游景点去过？说说你的感受。" 3. 欣赏诗朗诵《彩色的中国》	通过图片感受中国的美丽富饶、地大物博，激发学生的自豪感
体验生活的幸福快乐	1. 老师说："我们的祖国就像一个美丽的大花园，我们就是花园的花朵，盛开在祖国这个美丽的大花园里。"	1. 小组表演唱《娃哈哈》和《我们的生活多么幸福》，感受生活的美好和快乐 2. 观看视频：新、旧社会的学生生活和学习的对比。	通过表演，感受体验今天的幸福生活是多么美好

续 表

	2. 老师说:“亲爱的伙伴们,当我们每天坐在明亮的教室,静心聆听老师讲课,当我们每天在家感受父母的疼爱,可曾想过,为什么我们的生活这样幸福、美满?”		
感受生活的来之不易	1. 就是有了我们的革命先烈浴血奋战,才换来了美好的新中国。请听同学们为大家准备的革命英雄故事 2. 老师说:“我们是新中国的接班人,我们要现在怎么做来把祖国建设得更加美丽呢?”	1. 讲故事:《生得伟大　死得光荣》和《董存瑞》 2. 播放背景音乐:《中国少年先锋队队歌》	通过讲故事,让学生了解今天的幸福生活来之不易
描绘祖国美好的明天	1. 老师说:“我们要好好学习,学好知识和本领,来把祖国建设得更加美好。相信在你的画笔下,一个更加美丽的祖国会展示在我们眼前。” 2. 播放背景音乐:歌曲《祖国祖国我们爱你》	1. 学生用彩笔画一画祖国的明天 2. 展示作业,学生上前介绍	通过班会的开展,增强了学生的民族自豪感,同时让他们感受到作为一个中国人身上肩负的重担

玩转小游戏

青岛市崂山区实验小学一年级六班

青岛市崂山区实验小学　宋丹丹

一、活动目标

1. 通过一起玩游戏,让学生初步形成小队的意识,培养学生的合作意识。

2. 在活动中，让学生感受一起游戏的快乐。

二、活动设计依据

1. 学生情况分析

一年级学生进入小学近一年，较之上学期刚入校的兴奋与好奇，对学校生活充满新鲜感。通过近一个学期的学习与生活，孩子们与家长都渐渐适应了小学生活，孩子们的听讲比以前进步了，站队也比以前快了，整齐了，但在整理个人物品及走廊纪律方面还存在问题。部分孩子反应不够灵活，口头表达能力不强，动手能力也不强，有的孩子有很好的语言表达能力，有的孩子不敢表达，不能清楚地表达，孩子们存在一定的基础差距。

2. 活动背景分析

因为课间受时间限制，孩子们不能到操场活动，活动范围非常有限。每到下课，孩子们收拾完东西再做好课前准备，就开始在走廊上追逐跑跳，非常危险。虽然多次强调，但收效甚微，而且常抓常犯，常犯常抓。为了让孩子们有一个安静有序的课间，身心得到充分的放松，就要教会孩子们如何游戏。结合学校四季主题活动，我们确定了四季活动是春乐，目的就是让孩子在春天快乐地成长。

这学期我们决定一起在春天通过玩游戏乐一乐，以往大家玩游戏都是无序地、漫无目的地玩，老师很累，学生也容易受伤，本学期正好结合小队、小岗位的力量让学生在游戏当中学会合作、分享、创新，培养学生的解决问题的能力，让学生乐在成长、乐在心灵、乐在智慧。

三、"春乐"系列活动

1. 一起玩游戏——室外篇

2. 玩转小游戏——室内篇

（1）玩转小游戏——动动手。

（2）玩转小游戏——动动脑。

（3）玩转小游戏——动动嘴。

3. 我是游戏小达人

四、教学过程

教学环节	学生活动	教师活动	设计意图
导入	欣赏开学以来的照片	设置情境，导入新课； 播放入学以来的照片	通过学生熟悉的照片和音乐带领学生走进情境，创设活动氛围，感受自己的成长
过程（以每个游戏为一组）	动动手——翻翻绳、折折纸 1. 队员自我介绍； 2. 演示花样翻绳和合作翻绳。讲一讲是怎么学会的； 3. 小组合作玩一玩； 4. 自我介绍折纸作品； 5. 各小队拜师学折纸； 动动手——石头剪刀布、小蜜蜂、手指游戏 1. 小组成员自我介绍； 2. 讲清石头剪刀布游戏规则； 3. 小队比一比；	适时介入 （预设提升点：专注力、反应力及替他人着想、小队合作的精神） 游戏时要注意什么？ 适时介入 （预设提升点：学会请教，学会学习） 适时介入 （预设提升点：清楚表达）	通过游戏体验，感受学以致用的乐趣，在游戏中要学会为他人着想，提高反应力 通过游戏体验，在游戏中学会请教 体会游戏的快乐

续 表

	4. 演示两只小蜜蜂的玩法,同学之间玩一玩; 5. 教一教手指游戏 适时补充游戏	适时介入 (预设提升点:专注力及学会替他人着想) 适时介入 (预设提升点:反应力)	通过游戏体验,感受学以致用的乐趣,在游戏中要会为他人着想,提高自己的反应力 通过游戏的体验,体会专注力,增强应变能力 感受到集体游戏的快乐
总结		总结提升:"你还能想到哪些动动手的游戏?"	激发学生创新意识

"玩转小游戏"实录

青岛市崂山区实验小学　宋丹丹

听着愉快的歌声,我们开始本次的班队活动!

上课的时候是不都特别盼望下课十分钟啊?那你们下课都干吗?有没有教室乱跑,或发现些不太好的现象?那要怎么解决这些问题呢?其实很简单,我们想一想课间十分钟能和小伙伴儿们一起玩的游戏,这样就避免了大家打闹,确保了安全。

在这之前老师也已经让大家回去想一想课间都能玩哪些游戏,相信大家都想出来了,想出来的举手。

但是呢,在这些游戏当中,有的可能适合课间玩,有的可能不适合课间玩;到底适不适合呢?需要我们来制定一个标准，这个标准应该符合哪几条我们先开动脑筋想一想；想好之后小组派代表起来发言。开始吧！

1. 安全。哦，你想到了注意安全；奖励你把这条规则贴到黑板上。

2. 简短好玩。

3. 纪律。

4. 卫生。

瞧，这就是我们制定的标准！

课前我们都提前搜集了小游戏，现在小组内按照标准评选出一到两个最喜欢玩的游戏；介绍介绍游戏的玩法，说说当选理由。其他小组觉得符合标准吗？说说你的想法。

一组

【预设一】哦，翻绳。老师小时候也玩这个游戏；你们怎么会玩的？

对呀，要做一个善于向身边人学习的孩子。

老师看到你们翻绳，老师的手也痒痒了，也想翻一个。我也是跟妈妈学的，这就是我们的老游戏。跟家里的长辈学习是一个很好的方法。

那下面的同学有会玩的吗？你俩上来翻一翻。

我发现你们俩翻得特别好，你说说你们俩是怎么翻的？你觉得两个人在翻绳的时候应该注意什么？

看来呀，要学会相互合作，为他人着想。这样这个游戏才能玩得更好，好，请坐。

观察发现育人点：我发现他们俩在玩的时候往这儿爬爬，手往这儿伸伸。两人知道合作。

翻绳有趣吗？你来说说有趣在哪？能锻炼哪些方面？

对呀，手指放松了，上了一节课，我们动动手，眼睛也跟着放松。真是一个课间放松的好办法。

二组

【预设二】你折的是什么？跟谁学的？

你折的是什么？小衣服，真好看。有空教教老师好不好？

大家都会折什么？课下可以认真请教一个小老师，一起学学折纸。

是呀，我们要学会主动地问，学会请教。

折纸游戏真好，我们平日课间活动里玩应该注意什么？

你非常有环保意识，不能乱扔，扔就扔到废纸回收箱里面。

三组

【预设三】石头剪刀布。哦，游戏规则听清楚了吗？他把规则说得很清楚，这样其他同学都会玩了。我们也要向他学习清楚地表达。

我们请一个小队和他们小队比比赛，好请回。

还有一个队也和石头剪刀布有关，好，有请第四小队。

四组

【预设四】你们带来了什么游戏？升级版石头剪刀布，拍拍试试。

你们俩在拍的时候，老师发现曲子翰在拍的时候，张楚在往回躲。为什么呀？哦，他拍得很重。曲子翰你有什么想说的？

以后拍手时要轻轻拍，想一想别人会不会疼。对呀，要多为别人着想。

五组

【预设五】两只小蜜蜂，说一说规则。

我看到了，这与石头剪刀布……你来说说，对，有难度了。

哈哈，升级了。不仅要动手，还考验你的反应能力。

玩得不错，同桌两个人试着玩一玩。

高兴吗？下课又有了一个好玩的游戏。

六组：

【预设六】你来比画我来猜

说说你们的游戏规则。

我来看看这一幅幅画都是自己完成的吗？为自己喜欢的事努力，棒！

同学们好玩吗？有什么想说的？是呀，大量的准备时间！看来这个游戏还需要再完善。

【预设七】老师也给大家带来了一个小游戏，手指游戏。大家仔细看。

谁看明白了他们俩的游戏规则？仔细看、仔细听是一个非常好的学习习惯。我再给大家解释解释，让那些没听明白的也清楚游戏规则。

同学们你对这个游戏有什么想说的？夸夸这个小游戏吧。

这个游戏不仅可以放松我们的小手指，而且可以提高我们的口算能力，真是一举两得。下课的时候大家可以玩一玩，看谁消得快。

我们今天知道了这么多小游戏，也试着玩了玩；课间我们就可以玩玩这些游戏；接下来的班队活动我们再试着创编小游戏，看看还有没有其他的玩法，一起让课间变得更有趣。

“成语故事我来演”主题班队会

青岛市崂山区实验小学2.3中队

青岛市崂山区实验小学　于文洁

一、活动目标

1. 与语文学科相结合，激发学生的情感体验，产生自我教育效果。

2. 通过活动，增强小队的凝聚力以及归属感。培养小队成员的合作意识，体验合作的乐趣。

二、设计依据

1. 班级情况分析

我班共有学生44人，其中男生26人，女生18人。班里的家长素质较高，多数家长积极支持学校工作，但家长不愿意主动参与亲子活动，重视孩子学习习惯的培养，轻视活动，没有很好地意识到在活动中锻炼孩子能力的重要性。正因为这种原因，加上家长包办的太多，孩子们的反应不够灵活，习惯于接受别人对自己的服务，主动服务意识不强，口头表达能力和动手能力不强。孩子们性格差距较大，有的孩子个性较强，从小接受蒙氏教育，以自我为中心，导致他们不会合作。有的孩子比较听话乖巧，有的家长对孩子的约束过多，导致孩子做事情没有主见，总是处于被约束的状态，比较呆板，做任何事情都比较拘束，总是游离在小队之外，对小队缺乏归属感。

2. 活动背景

培养合作意识和能力不仅是二年级学生良性发展的需要，同时具备了可能发展的内在基础。在二年级时，小队的力量能够成为大部分学生的进步力量。小队成员为了让小队得到更好的发展，而产生互相帮助的愿望。借助团队和伙伴的教育力量，来更好地促进各个层次学生的健康成长。而且，小队的组建和发展能进一步促进学生个体的社会性发展，这也是班级团队建设的一个基础。小队活动的开展还能为三年级中队各职能部门的组建培养人才。为了使“小队团体”这棵幼苗健康成长，在建立小队后，小队的凝聚力建设十分必要，它是小队顺利开展活动、人人得到发展的基础。

3. 后续班队系列活动

这次班队会只是阶段性的小结，它又是一个新的开始。为了更好地发挥小队的作用，后续还会继续开展活动。

三、系列活动设计

1. 成语故事我来讲
2. 成语故事我来演
3. 成语故事我来创
4. 成语故事我会用

续 表

四、课前布置：小队成员排练成语故事剧目

教学环节	教师活动	学生活动	设计意图
活动回顾	欣赏照片，针对成语故事开展的相关活动	照片回顾前期："成语故事"系列活动	回顾中调动学生的参与和热情。
小队活动	在小队表演时观察台下观众的表现并适时地进行评分	一、三顾茅庐 快乐小队表演成语故事《三顾茅庐》	育人点：你最喜欢《三顾茅庐》中的哪个人物呢？——团队
		二、指鹿为马 必胜小队表演成语故事《指鹿为马》	育人点：为什么预演表演的没有像今天这样精彩呢？——合作
		三、《狐假虎威》 太阳小队表演成语故事《狐假虎威》	育人点：开始四个人争夺狐狸和老虎的角色，怎样最终确定的？——分工、谦让、合作
		四、掩耳盗铃 星星小队表演成语故事《掩耳盗铃》	育人点：通过这次表演成语故事，你们有什么收获吗？——团队凝聚力
		五、四个成语故事表演完毕，小队进行讨论，为四组表演打分	育人点：为什么你们会给出这样的分数呢？

续 表

总结延伸	宣布“最佳表演奖”以及“最会倾听、积极发言奖” 教师总结：成语是我国传统文化的一大特色，短短的四个字就能描绘出一个完整的故事，讲清一个道理。为传统文化点赞，也为每个小队的表现点赞		

“和美少年——拥抱春天”主题班队会

青岛市崂山区实验小学2.3中队

青岛市崂山区实验小学　于文洁

一、活动目标

1. 讨论交流，利用自己前期拍摄的镜头，为校歌配上合适的画面，逐步完成2.3中队校歌春天版MV。

2. 通过交流，分享自己对校园的这个春天的感受，发现校园的美好和自己在校园中的成长，以对校园有更深的情感。

二、设计依据

1. 班级情况分析

我班共有学生45人，其中男生27人，女生18人。本班学生个性普遍相对内敛，在行为习惯上有良好的表现，但在主动和他人交流、自信表达自己的想法等方面比较薄弱。班级家长认同学校育人理念，两年来，积极配合老师，开展各种校内外活动。因此，丰富的班级活动使学生状态发生很大变化。进入二年级下学期，学生的个性特点、兴趣爱好进一步凸显。

同时，学生马上就要在校园里度过两个春夏秋冬，但只是来往于教室、专用教室、操场，从未对校园的景色细细欣赏，感觉不到四季的变化，体会不到其美妙之处。参与活动时，也是比较多地关注形式，缺乏内在的思考，比较多地关注自己。

我认为在这个阶段，需要引导学生充分参与各类活动，以进一步激发其兴趣，拓宽视野，营造平等互助温暖的集体氛围。

2. 活动背景

春季活动要凸显春季特有的价值，引导学生感受春天万物生长的勃勃生机；发现和探索自然；形成对生命成长和生活的美好期待，并乐于化为积极进取的行动。孩子们唱着校歌逐渐成长起来，怎样将校歌进一步和孩子们的实际生活联系起来？我们想到了为校歌拍摄一段MV，我们认为这样一个活动颇具综合性和新颖性，能让孩子们对校园生活有更全面、深入的感受，从而更加热爱学校，热爱春天。

三、系列活动设计

阶段一：尝试

学生以小队为单位，自由开展拍摄活动。

阶段二：探索

交流第一阶段活动的成效、感受，发现问题，筛选照片，调整行动变化，对自己的拍摄有规划。

阶段三：分享

交流分享前两个阶段积累的素材，初步为校歌配上画面。（本次班级活动就是这个阶段的交流）

阶段四：出品

由专业老师和家长的帮助下对素材进行加工、剪辑、制作成完整的作品。

四、活动过程

教学环节	教师活动	学生活动	设计意图
课前热身	播放校歌《和美少年》	合唱校歌	进入情境中
校歌入心田	校歌代表着学校的精神和文化，我们的校园生活就是伴随着校歌展开的。每当校歌响起，校园中的一幕幕就在我们脑海中浮现。在拍摄校歌春季版mv活动中，我们已经拍摄了许多素材，并进行了初步的整理和筛选	简单回顾前期活动	为后面选配画面，为不断提升对校歌的认识做铺垫
景色很美好	组织学生展示交流校园景色素材	学生根据采集的镜头，自主交流 预设1：校园的建筑、雕塑等 预设2：各种植物的变化等	交流校园及植物，让学生对校园、春天，对美、对生命有更直观、更具体的体验

续 表

故事传温度	组织交流有故事的画面，引导学生体会人与自然、人与人之间的情谊； 随机回应提升：这些镜头有故事，这些故事让这个春天更温暖	学生根据自己拍摄的画面进行交流 预设：工作人员 同学、老师 ……	学生采集镜头的过程中，往往比较关注外显的东西，对于内在的情感体验比较忽视，这部分是本次活动的提升点
成长在每天	总结：我们在美丽温暖的校园里慢慢长大，拥抱太阳，放声歌唱，努力学好本领，描绘祖国的蓝天	在歌声中退场	春季有春季独特的育人价值，但学生的成长，是在校园生活中的每一天中实现的，让学生认真过好平凡而精彩的每一天

“夸夸我的小队”主题班队会

青岛市崂山区实验小学2.3中队

青岛市崂山区实验小学　于文洁

一、活动目标

1. 感受、发现队员的长处，乐于接受每个队员，喜欢小队这个家。

2. 寻找为小队增光添彩的努力方向，增强自觉为小队服务的意识。

3. 通过此次主题班队会，对一个学期的小队建设加以总结，体验小队成功的快乐，增强小队集体荣誉感。

二、设计依据

1. 班级情况分析

我班共有学生44人，其中男生27人，女生18人。班级学生性格活泼好动，发散思维能力比较强，表现欲比较强，所以课堂发言积极活跃。但班级内存在着严重的差异，每年的春秋运动会团体竞赛项目总是不能获胜。一年级开展的活动评价对象只停留在自己身上，很少涉及集体的概念。二年级上学期班级通过多次活动进行班级小队建设，让学生经历和体验小队间的竞争和合作，使学生在小队集体中感受到竞争的快乐，不怕失败，使其合作意识和合作能力都得到发展。

2. 活动背景

培养合作意识和能力不仅是形成二年级学生良性发展的需要，同时也使其具备了可能发展的内在基础。在二年级时，小队的力量能够成为大部分学生的进步力量。小队成员为了小队得到更好的发展，而产生互相帮助的愿望。借助团队和伙伴的教育力量，来更好地促进各个层次学生的健康成长。而且，小队的组建和发展，能进一步促进学生个体的社会性发展，这也是班级团队建设的一个基础。小队活动的开展还能为三年级中队各职能部门的组建培养人才。

3. 后续班队系列活动

这次班队会只是阶段性的小结，它又是一个新的开始，为了更好地发挥小队的作用，后续还会继续开展三项活动。

（1）“我心中的班干部”的评选活动。评选出“组织奖”“实干奖”“协作奖”“默默奉献奖”等，以此更好地调动同学们的积极性，让同学们更好地分工与合作。

（2）开设“小队马拉松赛跑”的栏目，每周优胜的小队可以前进一格，看谁先到达终点。这对形象思维为主、喜欢新奇事物的低年级学生的进步，能起到很好的促进作用，更能激励他们去克服困难、获得成功。

（3）以策划“元旦迎新活动”为载体，为学生提供一次队员合作的综合实践机会，让学生从做中学，在实践中健康快乐成长。

三、系列活动设计

1. 小队合作我们起航——建设小队
2. 小队合作我们能行——经验交流
3. 小队合作我们最棒——优秀小队、优秀队员评选
4. 小队合作我们实践——元旦迎新活动

四、课前布置：小队成员互相观察，寻找队员的闪光点（一周）

教学环节	学生活动	教师活动	设计意图
一、活动回顾	组建小队、为小队起名字、制定出班级制度、每周评选优胜小队。		总结工作，为经验交流做准备
二、小队活动	一、夸夸我的小队 采用队长介绍、自我介绍、互相介绍等多种形式，发掘伙伴的长处和自身的长处	在小队的交流中了解他们的做法并适时地进行总结	育人点：领导、配合。队长、副队长发挥好领导才能，其他队员积极配合 育人点：每个人身上都有优点，融洽队员之间的关系，增强学生热爱小队集体的情感

续 表

二、小队活动	二、小游戏——团队之星 小队成员围成一个圈，整圈人抱着前一个人坐在后一个人的大腿上，哪个小队坚持得最久就胜利 三、我为小队添光彩 讨论寻找小队共同的努力方向以及个体如何为小队出力	在小队的交流中了解他们的做法并适时地进行总结	育人点：团结、坚持，不能有一个人掉队 育人点：责任。每个人对小队都有一份责任。
三、总结延伸		教师总结："竞争"的"竞"下半部分是"兄弟"的"兄"，我们小队之间既是竞争关系，更是兄弟姐妹	

"老游戏，一起玩"主题班队会

青岛市崂山区实验小学一年级三班

青岛市崂山区实验小学　于文洁

一、活动目标

1. 通过一起玩游戏，让学生初步形成小队的意识，培养学生的合作意识。

2. 在活动中，让学生感受到一起游戏的快乐。

3. 通过玩游戏，培养学生的协商能力、规则意识。

二、活动设计依据

1. 学生情况分析

我们班共有学生48人，其中男生28人，女生20人。入学以来，我们进行了班级岗位建设，做到人人有事做，事事有人做；下学期开始分了小组，让学生初步形成小队的意识。学生进入小学学习近一年，较之上学期刚入校的兴奋与好奇，对学校生活充满新鲜感，更像一个小学生。我们班孩子的常规较好，但是组织能力不强，合作能力不强，口头表达能力方面，有的孩子有很好的语言表达能力，有的孩子不敢于表达，不能清楚表达，另外孩子依赖性较强，遇到问题时倾向于寻求老师帮忙，不是尝试独立解决。通过近一年的学习与生活，孩子们与家长都渐渐适应了小学生活，孩子们的常规方面进步很大，但在中午活动时间还存在着问题。

2. 活动背景分析

一年级下学期，学生的新鲜感消失，各种各样的问题开始浮现出来，没有很强的组织能力，不会团队合作，规则意识弱，所以中午活动时孩子们三三两两各玩各的，有的孩子还经常落单，经常因为不遵守规则出现矛盾。玩的游戏大多都是抓人的游戏，在操场上疯跑，存在着很大的危险性，极易发生受伤事件，因此教会孩子学会团队游戏是迫在眉睫的事情，急需开展集体游戏，来促进学生规则意识的产生和内化。

三、系列活动

1. 向爸爸妈妈学习老游戏

2. 玩转老游戏

第一阶段：小组选择喜欢的老游戏；

第二阶段：小组讨论，统一规则；

第三阶段：老游戏，小组玩起来。

3. 分享交流会

推荐老游戏，大家一起玩。

四、活动过程

活动环节	学生活动	教师活动	设计意图
导入	欣赏前期活动的照片	设置情境，导入新课 播放之前活动的照片	通过学生熟悉的照片和音乐带领学生走进情境，创设活动氛围，让学生感受自己的成长
过程 1. 分成几个游戏小组。 2. 以每个游戏为一组。	挑小棍 1. 视频展示挑小棍的规则； 2. 各个小组一起玩挑小棍	适时介入 （预设提升点：游戏时要注意什么？遵守规则） 注意安全，不要伤到眼睛	引导学生体会积极参与游戏的快乐
	跳房子 1. 小组成员介绍自己的游戏 2. 演示自己的游戏 3. 哪个小组想来试一试？ 打鸭子 小组成员介绍自己小组的名字及口号、演示游戏 打元宝 小组成员介绍自己小组的名字及口号、演示游戏	适时介入 （预设提升点：道具有限，都想玩怎么办？合作意识） 适时介入 （预设提升点：体验成功的快乐，传承老游戏） 适时介入 （预设提升点：都是用什么纸折元宝呢？节约用纸）	通过游戏的学习，让学生体验学习游戏的不易，感受到学习的快乐，并能传承老游戏 通过游戏的体验，让学生感受游戏乐趣，提高自己的反应力

	运沙包 1. 介绍自己小组的口号及游戏内容; 2. 演示游戏内容。 3. 哪个小组想来试一试? 石头剪刀布 1. 介绍自己小组的口号及游戏内容; 2. 演示游戏内容。 3. 哪个小组想来试一试?	游戏时要注意什么? 还可以怎样玩? 协商能力、合作意识、灵活性、创新力 适时介入 (预设提升点:反应能力、团队配合)	通过游戏的体验,让学生体会协商合作,感受到集体游戏的快乐
总结		总结提升 1. 最喜欢哪个游戏? 2. 如果游戏玩腻了怎么办?	激发学生的创新意识

"童眼看春天——种下一粒小小籽"活动方案

青岛市崂山区实验小学二年级一班

青岛市崂山区实验小学　宋丹丹

一、活动目标

1. 让学生感受春天是播种希望的季节。

2. 通过活动,让学生初步产生策划意识,提高合作能力。

二、设计依据

1. 学生情况分析

我班共有学生41人，其中男生17人，女生24人。从二年级上学期开始，班级进行小队建设，班级活动主要按小队方式开展。下学期在八个小队的基础上进行了重新整合变成六个小队。整体来说学生的学习习惯、生活习惯养成较好，乖巧听话；但思维不够活跃，任务以接受为主，不能创造性地参与班级活动、管理。学生的表达水平也参差不齐，有的孩子有很好的语言表达、沟通能力，有的孩子不敢于表达，不能清楚表达。为了让孩子们在活动中成长，变得更加自信大方，成为班级的主人主动参与到班级管理中，通过各种活动让小队的力量成为促进大部分学生进步的力量，也成为此次班队活动的主要目的。

2. 活动背景

“童眼看春天”属于“童眼看四季”系列活动。

在2018年“童眼看秋天”的基础上，孩子已经知道他们可以从哪些不同的角度“看”春天，提出了很多有建设性的意见，他们乐于参与、敢于参与。本次班队会在原有的活动基础上，大胆放手让孩子们根据兴趣自由策划，及时有效地开展活动。

三、系列活动：

童眼看春天——

（1）趣味访春；

（2）“种下一粒小小籽策划会”

（3）种下一粒小小籽。

四、活动过程设计

活动环节	学生活动	教师活动	设计意图
一、活动导入	回顾“访春”系列活动	教师与孩子们简单交流	通过回顾,把学生引入本次活动中,激发兴趣
二、分小组交流初步策划的活动方案	各小队分享自己策划的活动方案: 彩虹小队、团结小队、牡丹花小队、炫酷小队、凤凰小队、学霸小队 各抒己见,改进方法、注意事项策划方案 完善计划,尝试种下一粒籽	适时介入,捕捉并帮助孩子归纳、提升	通过活动,增强学生的自信心,让学生敢于表达,善于分享。 培养学生的合作、交流和学习能力 初步产生策划意识
三、活动小结	最后做总结,畅谈收获	教师介入:为后期活动做铺垫,提出具体建议	通过总结,让学生感受到自己的进步,并思考后续活动该如何开展

阳春三月春风和煦,欢迎各位老师的到来。新学期我们重新组建了小队,开展了“访春”活动。

活动中大家对春游和播种充满了兴趣,之前的班队活动中我们先初步策划了“种下一粒小小籽”活动。

大家从种子的选择、工具的准备、分工几方面做了初步的策划,但是在播种方法及注意事项上还存在争议,今天我们就一起来讨论一下播种方法及注意事项。

各小队拿出你们的表格,讨论并填写种植方法和注意事项。

分小队讨论完成表格——种植方法、注意事项。

请(炫酷)小队来用你们喜欢的方式说说策划的方案,其

他小队认真听听有没有补充，全班交流。（20分钟）

育人点：如何分工的？

每天负责照看时看什么？

种植方法是怎么知道的？

种植是很脏，撒土？浇水有泥水怎么办？

师生、生生互动：

有什么疑问的地方？

谁来帮他们解决？

脏，撒土、浇水脏，提取需要注意的点，再次修改方案。（5分钟）

照看怎么照看？卫生问题？

全班交流各小队修改好的方案。（5分钟）

现场动手种一种。（10分钟）

刚刚也看了炫酷小队的演示，那我们一起动手种一种吧！在播种的过程中，我们应该注意什么？（交流）

我要评选三个安静有序的小队加2分。开始吧！

你们小队种得真快！

你们的分工很合理！

你们小队的课堂常规很好！

通过我们的劳动，播种的种子不一样，会收获不一样的美味。

这次活动下来，我们的收获真不小，活动结束就把植物放在教室的植物角中，让我们和种子一起成长，今天的活动就到这儿。

展示方式：漫画形式画一画，演示种一种，录视频教学。

学习心得体会

一花一世界

青岛市崂山区实验小学　戴翠香

学生是涌动着无限活力的生命体，是教育的起点和归宿。面对学生，面对祖国的未来，我们要做一个真正有作为的班主任。新基础教育要求我们要面向全体学生，以学生为中心，把学生实际状态作为教育教学的起点和出发点，成为教学目标制定的依据，关注学生成长需要做成事中成人，以成人促成事；教天地人事，育生命自觉……使学生全面和谐地发展。我们的班级管理究竟该如何“阅读”学生，提升学生学习生活及生命的质量呢？随着时间的流逝，我们与“新基础教育”相伴已经有一年了，在近一年的工作中，我与孩子都成长了许多。下面就一年的工作来做一下总结。

一、自我改变

最早接触新基础教育，我对其中的理念可谓“雾里看花，水中望月”，虽然也静下心来读了有关的理论书籍，也认真地观摩了实验老师的课，用心倾听了张老师的点评，但是因为没有经过切身的体验，只能说是“纸上谈兵”，感受不够真切，也更明白了古人所言的“纸上得来终觉浅，决知此事要躬行”。3月份我接到了上课通知，一听到这个消息时，我很自信，因为感觉自己平时对学生的管理还是很有经验的，对学生管理是非常民主的，通过前三年的锻炼，我们班的个别学生能力还是比较强的。怎样展示出孩子们的能力，应该选择一个什么主题呢？我一直在思考着这个问题，正好想到因为上学期学生忙于复习考试，没有对部门的工作进行总结，就决定把这个工作放到现在来做。对于上学期的总结，我想到的就是把优点和不足说说，然后让同学们提提建议，于是接着的几天我都着手让同学们照着我的这个想法去准备，就在刘主任领着我们进行第一次研讨时，当我说完自己的设想后，大家都陷入了沉思，气氛的沉闷让我感到了压力，后来晓文老师的一句话给了提示："你怎么不问问学生他们想总结什么？"是呀，这句话是我平时经常提醒别人的，怎么到了自己身上就没有想到呢？平时我还一直以学生为主，关键的时候就想不到了。经晓文老师这么一指点，我就马上想起需要做一项调查，了解一下学生的想法，但可能是因为有了我先入为主的想法的限制，孩子们的调查问卷也没有给我提供更好的想法。（现在想想可能当时孩子的思维没有打开，所以也想不到好的点子）为此，我非常苦恼，于是还是按照我最初的想法去做，一遍遍地组织学生讨论，查找问题，找出解决问题的方法，并且注意用到不同的方式方法，非常注意各部门的汇报形式，检查孩子们的准备工作，真是劳心劳力。学生也非常辛苦，因为做的让我不满意，除了白费力还要挨批评。这个过程很辛苦，但终于等到了需要孩子们展示的那一刻，我很高兴也很忐忑。在汇报的过程中，我发现孩子们没有按照我预想的去做，我非常着急，几次打断了孩子们的发言，由我代替讲完，一节课终于在我的担心中上完了。我长舒了一口气，同时也不忘先表扬了一番孩子们，虽然课堂气氛有点沉闷，我还感觉到了孩子们有点紧张（但张老师总不这样认为，实际上的确是这样）。这次活动结束后，我先是虚心地倾听了张老师及各位老师的点评，但随着张老师点评的越来越多，我开始很不服气，难道这一次活动真的那么差吗？我开始对张老师产生了一种怀疑，也可以说是不满，但碍于面子我还是把张老师的点评用心地记了下来，虽然不服气，但我还是挺佩服张老师的，因为张老师所说的问题我在上学期都遇到过，可我没有想到很好的解决办法，也没有下定决心去改变那些问题。短短的40分钟，就发现了我的管理问题所在，如果没有水平是做不到这一点的，同时我也发现了张老师在认真地用心地倾听每一位孩子的发言，关注每一个孩子的表现，关注每一位孩子在活动中的收获对他今后的影响。

这一次活动过后，我一直在思考张老师点评的一些话语，不断地琢磨地自己的问题所在，于是我大胆在班级里进行了第二轮的竞选，让更多的孩子参与了班级的管理，让更多的孩子得到了锻炼。这告诉了我，每个孩子都是有潜能的，你给他多大的空间，他就有多大的舞台。借于此，我把自己的体会与同级部的老师分享，建议他们也开始实行这种小班委，效果都挺好。在其他老师出课时，我由原来的"你问问学生想做什么"到现在首先问的是"这节课的育人价值是什么"，虽然只是问题的改变，但我发现自己的观念也在慢慢地转变。同时在自己的语文课堂上我也在变化，总是耐心地听完每个孩子的发言，尽管有时孩子回答的不对，我也会努力地捕捉他的生成点，同时我也会不断地告诉孩子，倾听别人的谈话是一种美德。

随着班级工作的开展，我发现自己又特别累了，因为那些新上任的小部长们还不会干，小导师们也没进入角色，于是又需要我不断提醒，不断改正。我又开始思考自己哪里出了问题，为什么会是这样的呢？就在我不断思考、不断改正的过程中我又接到了上课的任务，于是就问同学们班里有哪些问题迫切需要解决，孩子们纷纷表示要解决部里出现的问题，但有两个孩子持反对意见，原因是那是一种"作秀"，课结束了，就没有用了。听了这话，我深刻地体会到了平时工作的不足，于是我先给孩子们做了一番说明，告诉他们我们不是演给谁看的，我们就是要把班级出现的问题一起解决。当听到我这么说时，孩子们似乎也明白了，因此我也非常感谢那些不同的声音，让我知道了自己工作的不足，虽然我一直认为自己很尊重学生，平时工作也是以学生为主体，但真正操作起来才发现还是存在着很多不足。

第二次的班队会选题就这么简单地定下了，我也没像上一次那样注重形式的不同，不断地指导学生做这个做那个，搞得学生很疲惫，而是先带领孩子们讨论出每个部门存在的问题，然后在课堂上解决。解决几个问题呢？对于这个问题我很纠结，最后决定还是尊重每个部门的建议，把孩子们的问题一块儿来解决。在这一次的队活动上，我用心倾听了每个孩子的发言，同时也关注到了孩子，虽想方设法地捕捉教学中生成的问题，但总存在着缺憾。这一次的队活动，孩子们紧张的情绪得到了有效的缓解，同时孩子们的思维也比较活跃，想到此，我的脑子里就出现了张永老师的话："你们班的孩子现在就像一锅煮开的沸水，需要你用网去把他们编织起来。"这简单的话语又给了我启迪，让我明白了做一件事情需要从不同的角度去看待，需要帮助孩子们通过一件事或是几句话来打开思维的空间，教会孩子怎样从不同的角度去思考问题，让孩子们在倾听中有所提升，有所收获，实现育人的价值。在活动后的一段时间里，我努力朝着这个方向努力，不管在我的语文课上，还是在我的品德课上，或者与同学平时的交流中，我努力修改着自己的评价语言，争取让孩子在我的评价语言中有收获，有所感悟。

二、学生的改变

这帮孩子是我从一年级带上来的，对于他们我倾注了很多的心血。平时我很注重培养学生的能力，因此学校很多老师都知道我们有一批优秀的学生干部。他们之所以那么优秀，是因为他们得到了很多锻炼的机会，特别是三年级对孩子进行分小组管理后，几个小组长的能力得到了迅速的提升，以至于孩子们也形成了习惯，有什么事情都知道直接找当时的小组长或班长来解决。到了四年级，一开始我在班里实行岗位制时，愿意上台竞选的大概只有那么十几个同学，其他同学的竞选稿子都是在听着别人上台竞选时在课堂上想的。第一次的竞选给了我很大的触动，因为有的同学上台是落落大方，有的同学上台紧张得连句话都不会说了，站上台后只说了一句话:“我想竞选后勤部，请大家投我一票。”为了了解孩子们真切的感受，在竞选后我让孩子们写了一篇日记。有的孩子在日记中写道:“那一刻的开心只有我自己知道。”“我可真不容易，紧张得我直打哆嗦。”还有一个同学是这样写的:“终于，我尝到了成功的喜悦！”读了孩子们的日记，我陷入了沉思，我感觉自己做得太不够了，我曾经很自以为是地以为我是以学生为主体，对学生的管理是很民主的，孩子们有话愿意跟我讲，有不满意的地方也能直接跟我交流，也充分关注到了每个孩子的心情，甚至有的家长都不断跟我说，我的管理很民主，孩子们很自信。其实，我仅仅注重了对个别孩子的培养，而没有面向全体学生。在反思自我之时，我又认真地琢磨着孩子们为什么都愿意选择后勤部，我想这也充分证明了孩子们对自己不自信，不敢大胆地走上前来向同学们展示自己。今后的工作还需要做的还有很多。

第一次竞选后，孩子们激情高涨，以百倍的热情投入自己的工作岗位中去，课堂气氛也比较活跃。孩子们大胆地在课堂上举手发言，看着孩子们的表现我很高兴，第一次感到了“新基础教育”带来的好处。以前班级出现问题时，只有那些热心的同学在张罗，而现在地面纸花有人捡，桌子歪了有人摆，路队不齐有人提醒。在班级工作的开展过程中，原本比较羞涩的姜晓添和吕若维，上课发言不积极，就连受到表扬也会脸红，因为担任了体育部长的工作，能力得到了极大的提升，上课回答问题非常积极，自信心也增强了。不只他们，体育部的其他几个孩子也在不同程度上有了提高，表现在能大胆地管理同学的路队了，上课回答问题积极了，在班级以部门为单位开展的品德与社会的讲课活动中，他们两个的表现受到了极大的好评，同学们纷纷表示这两个小老师上的课真精彩。有的家长也打电话交流说孩子的脸皮“变厚了”，高兴的心情溢于言表。原本比较拖沓的孩子也能想着带东西了，不再丢三落四了。

但随着同学们新鲜感过去，有的孩子开始对工作不积极。第二学期在张老师的指导下，我们又开始了轮岗，轮岗后的孩子们工作热情又是大增，小导师们在最初也能各负其责，孩子们的能力再一次得到了提升，但其中也存在着问题，如执行力不强，内部出现矛盾，部长不能起带头作用等。鉴于此，我想在下学期实行双班委岗，以提高孩子们的竞争意识，让孩子们的能力在竞争下相互促进。

学而思则行
——12 月 5 日上海之行第二天

青岛市崂山区晓望小学 刘细细

带着第一天学习的激情，我们又开始了第二天的学习之旅，上午我们学习了高子阳老师的《照亮教师一束光——读书》，引起了我们深深的反思：影响老师们读书的因素有哪些？我们老师应该怎样读书……高老师是一个爱读书的人，他在讲座中知无不言、言无不尽，让我们深深感受到我们其实是可以读书的，我们要成长就必须读书补充“营养”。老师是孩子的榜样。一个不读书的老师怎能教出一群爱读书的学生呢？现代的孩子喜欢什么样的老师？那些幽默风趣的、学识渊博的、读懂他们的……这些老师怎么练就呢？唯有读书！

带着满满的感动，下午我们听了滕老师的报告，报告中滕老师用一个个鲜明的事例向我们展示了戏剧在学生品德教育中不可忽视的作用。其实孩子们更喜欢动态的学习，而戏剧恰好满足了孩子们的需求，孩子们在看戏剧、表演戏剧的同时润物细无声地就被人物所感染。他们会随着人物笑，随着人物哭，随着人物悲……价值观和人生观自然而然就形成了，这就是戏剧在班主任德育工作中的重要作用。

书是人类进步的阶梯。老师爱读书，相信教出来的孩子也不会差到哪里去。现代的社会瞬息万变，只有读书才能以不变应万变，跟得上时代的要求，成为时代的老师。

教育似修行，修身修心永远在路上

青岛市崂山新世纪学校　高　嫄

七月的南京，蝉声阵阵、赤日炎炎，全国各地教师齐聚钟灵毓秀的南京13中学，聆听全国著名教师、著名班主任的报告会。在这三天的学习时间中，我们聆听了17场报告、13场点评。一位位专家的报告，带给我的是心灵的震撼，精神的洗涤，使我对教育教学有了新的认识。

从魏书生老师《做最优秀的教师，做最优秀的班主任》的专题讲座中，我感受到魏老师如何做一辈子教师，做一辈子幸福智慧的教师；如何做一辈子班主任，做一辈子幸福智慧的班主任；于洁老师以“爱”为主题，做了名为“特别的爱给特别的你”的讲座。于洁老师用自己的教学案例，以爱为核心，娓娓道来，赢得现场一阵阵笑声与热烈的掌声；李迪老师在《做学生欢迎的班主任》报告中，用许多精彩又经典的案例举例说明要仔细留心班里孩子，注意分类，从而能够更好、更有效地促进班级内部的合理分工，由此提出最核心的问题：如何做学生欢迎的班主任？并进行解读……

给我留下深刻印象的是高金英老师的《用心用情做最好的班主任》，她是中国第一位“宏志妈妈”，全国杰出教师，全国著名班主任，全国优秀教师，北京市模范班主任，北京市广渠门中学宏志班管理委员会主任。在培训开始前，老太太先说：“别看我年纪大，你们会的，我都会，你们年轻人不会的，我也会。我的课件全都是我自己做的。一个人若不与时俱进，就会被历史所淘汰，就像一只蚂蚁被夹在过去的一夜里。”这一口的京腔普通话，温婉动听，立刻吸引了众人。更吃惊的还在后面，三个多小时的讲座，老师不用演讲稿，旁征博引，侃侃而谈，那诙谐睿智的话语，让人觉得亲切轻松；小故事、笑话、快板、魔术、顺口溜，信手拈来，让我们不得不佩服她的知识储备。当我们走神时，她会讲上一段笑话，让我们捧腹大笑。当大家有一点困乏时，她会将一张白纸变成百元人民币，让我们两眼放光。当我们反应迟钝时，她会让我们抓她手中的纸币，抓到的归我们，让我们跃跃欲试。

高老师之所以有这么多殊荣，主要因为她始终用心做事，巧中取胜。也就是她在培训时反复强调的："认真做事只能把事做对，用心做事才能把事做好。"

1. 用心做好班级管理工作

一个好班主任就等于一个好班级，班主任工作的核心就是服务，即以学生为本，强化学生的主体意识，做学生成长的引路人，为学生的全面发展创造良好的环境。学生是教学过程中最为活跃的因素，21世纪的学生是思想尤其复杂、思维尤其活跃、视野尤其广阔的一代新人。因此，在新世纪，管理好一个班级、做好学生的思想工作尤其不容易。高老师把班会开成故事会，把空洞的说教融于生动的故事中，善于让故事说话，既让学生明白了道理，又让学生心悦诚服地去改正。高老师反复说："你要教育他，发脾气是无用的，说教是无功的，讲故事呀！"很多老师认为教育没材料，没教材，其实不然，生活中很多的东西都可以用来教育学生，就看你是否用心去注意。当学生觉得课堂有点乏味，要打瞌睡时，高老师就会说："一盲人背着一个瘸子，忽然瘸子大喊'沟、沟、沟'！盲人接话'欧来欧来欧'！两人一起掉入沟中。"在哈哈大笑中，高老师已经把打瞌睡学生的注意力成功地拉回到课堂中。

是大多班主任都烦恼的问题，高老师就用一个形象的比喻，让学生改变了陋习。她先用一个人的穿着打扮入手，让学生明白搭配不协调会降低一个人的品位，然后引到班级卫生上，把地面卫生比作人脚上的鞋子，说鞋子穿不好，人就变傻帽。

在班级管理工作中，除了通过照片用心地去记全班同学的特征以外，高老师会用"心技"让学生佩服她有超强的记忆力；在对待顽劣学生的问题上，她会要求家长和她"精心"地演一场戏，效果自然不错。但这样的演戏是她在充分了解学生的基础上进行的，所以只会成功不会失败。而为了了解学生的品性，她还会用心地对所有学生做心理测试。当然，除了心理测试，她还"察言观色"，掌握了学生的基本情况后再"对症下药"，自然就"药到病除"了，正所谓"知己知彼，百战不殆"。

这样的教育比每天苦口婆心的嘱咐、指责有效得多。对于一位班主任来说，给学生讲一个故事容易，讲两个故事也不难，难的就是坚持不懈地讲下去。这就是老师后面提到的：一个合格的班主任要会讲教育故事，只要用心去做班级管理，不愁没有故事讲。

2. 用心做好学科教学工作

课堂是教师进行传道、授业、解惑的主阵地，高老师驾驭课堂的能力令人叹为观止。高老师说："第一印象就是唯一的印象。"高老师给学生的第一印象，就是"神"，开学第一天就能当面叫出学生的名字，能不让学生感到她是"神"吗？神一般的老师学生能不崇拜吗？有了学生的崇拜，工作起来自然会得心应手。

在游戏中让学生喜欢上自己的学科，这也不失为课堂教学的高招。亦庄亦谐的游戏能让人感觉轻松，能给人带来快乐。活泼可爱、好奇心强的学生更加喜爱游戏，高老师深谙学生的心理，于是每接一级新生，她都把深邃的物理精髓变成有趣的游戏，轻而易举地吸引学生走上了探索物理奥秘的道路，即使将来险象丛生，学生也会乐此不疲，这就是用心教学产生的魅力。比如，讲到自由落体运动，纯理论，孩子索然无味。高老师随后掏出一张一元纸币，捏住一端，说谁的手搁在这张纸币的二分之一处，在她松手时夹走，这钱就归谁。孩子顿然提起精神，纷纷举手要尝试，在他看来，夹住这张纸币还不是十拿九稳？结果，谁也夹不住。答案很简单，钱下落的速度远远大于孩子两个手指去夹的速度。自然引到要学的内容。

面对学习困难的学生，很多教师束手无策，唉声叹气之后选择了放弃。崇高的品德和高度的责任感促使高老师耐心地为每一个暂时落后的学生加油，用心的鼓励每一个学生确定切实可行的追赶目标，让最后一名学生紧盯着倒数第二名，每提高一个名次都及时给予鼓励和表扬，也许我们也曾这样做过，可是不能坚持不懈，难怪学生不能锲而不舍。

3. 用心培养学生的良好品格

美国人有句名言："我们培养出来的年轻人，如果才华横溢，但不诚实，有丰富的知识，但不关心他人，有极丰富的创造性思维，但没有责任心，美国也不会强大！"教育和培养青少年的思想品德教育，不仅关系到其本人，更是关系到民族昌盛、国家富强的大事。而21世纪的青少年大多都是独生子女，多缺乏责任感，因而在新时期培养学生的责任感既重要又困难。面对责任意识薄弱的学生，高老师没有对学生进行空洞的说服教育，而是从穿着入手，循序渐进，娓娓道来，让学生主动地增强了责任意识。

高老师常在细节中授人以德。经常拿小事开刀，再套用一些道德文章以小比大。她利用“咸菜风波”对学生展开自律与他律、勤俭持家、挥霍败家说教。“羽绒服事件”，经她一句“点评”：“为我们送羽绒服是雪中送炭而非锦上添花。”女生们顿时明白了自私自利是应该受到谴责的。借“羽绒服事件”，她教育学生如何处理个人与集体关系、受助与相助关系、利己与利他关系。高老师就是这样利用每一件事情渗透“宏志精神”。“让非值日生擦黑板”，学生明白了我为人人、人人为我的道理。众多的日常小事、习以为常的行为在高老师眼里都是教育学生的很好的素材。经过她一针见血的指出和精辟的解释，学生们明白了是非曲直，了解并克服了人性弱点，正所谓“理在言中，意在言后”。

在平时的教学中，不尽如人意、不顺心、烦恼、忧愁的事情，常常困扰着我们。特别是教学中一些学习或品行上的后进生，更让人头痛不已。但通过聆听高老师的报告，我深深感到，作为老师，特别是遇到那些特殊的学生时更要学会宽容。宽容比惩罚更有收获，更具有教育的效果。学生犯错是难免的，尤其是我所面对的小学生，他们毕竟年龄小、不懂事。如果以宽容之心让孩子认识到自己的错误，将会帮助他塑造更完善的人格。就像高老师说的那样，静下心来教书，潜下心来育人，让学生“亲其师，信其道。”

三天的培训时间虽然短暂，但是无比充实，它不仅让我们学习到优秀教师的教育智慧，更让我们感受到这些老班主任是怎样几十年如一日地热爱着这个平凡却神圣的岗位，他们用勤劳和智慧为无数的孩子奠定了人生的基石。能够享受到这份精神上的饕餮盛宴，是我们的幸运，但如何把这份幸运转变为我们前行的动力，则需要我们自己领悟、内化、践行。在未来的班主任工作中，我定会更加努力，怀揣着满心的希望上路。

三次新基础班队会后的反思

青岛市崂山区实验小学　于文洁

第一次班队会经验反思

新基础班队活动我已经观摩了十次左右了，这次是我第一次自己上班队。第一个深切感受就是听十次不如自己上一次。但也正是有了前几次听班队的积累，才不至于特别手忙脚乱。张老师说过："一个班级就像一条河流往前流，班队会就是在某一个节点使这个河流流得更好一点。"我对这句话深有感触，我也深切感受到班队会是非常必要的。很感谢学校领导老师给我这次机会，让我和我们班都发生了实实在在的变化。

一次班队开展得好不好，就是要看孩子们进来的时候和出去的时候有没有变化。当接到要出班队会的任务时，我首先想到了大家常说的目标，戴老师给我指导的时候，问我的第一句话也是"你的目标是什么？"所以以后不管开展哪一阶段活动，我总是时时刻刻想到这次班队会的目标是什么。这部分我做得不好，经常忘记了目标。对于这次一年级的班队会，我设立的目标是培养孩子们的合作意识、规则意识和协商能力，还有最重要的是让孩子初步形成小队的意识。班队会结束后，孩子们发生了一些变化，首先能看到的是中午活动有秩序了，大家都在分组进行自己的游戏，不会乱跑了。

但总是有告状的学生，这说明孩子们的协商能力还不够，但较以前有了很大进步，也明显会合作了。

这次班队会，我还有其他方面的不足，比如给孩子说的机会少了，老是自己在不停地说，要把提问权下放，真正做到重心下移。其次，当一个组结束了展示后要马上进行评价、总结，而且让孩子们自己进行评价总结。再就是场地问题，会场布置一定要合理，针对不同的类型的课，场地布置一定要随机变动。还有最重要的一点是时间分布问题，一定要有核心活动，要突出核心活动。“老游戏，玩起来”这次班队每个环节都是平均用力，没有做到突出重点。新基础班队要“小”“清”“新”。立足点一定要小，从小的一面进行，充分进行头脑风暴，深入交流，东西不要太多，要聚焦在一个点上。

总而言之，这次亲身经历上班队的经历，让我受益匪浅。感谢戴老师、刘老师、欣姐和丹姐给予的指导和帮助。当我看到上了五六次甚至八九次班队会的年轻教师越来越成熟，我也相信在实践中我一定会不断有进步的。

第二次班队会经验反思

二年级以来，我们班成立了小队，无论学习还是活动都以小队为单位进行，孩子们一个学期进步非常大，所以临近期末，我想到了组织一次总结性的班队会。目的是让孩子们感受、发现队员的长处，乐意接受每个队员，喜欢小队这个家，寻找为小队增光添彩的努力方向，增强自觉为小队服务的意识，增强小队集体荣誉感。

“夸夸我的小队”是我上的第二次班队会了，相较于第一次上新基础教育班队，我明显感觉自己没那么措手不及、不知所措了。权力下放、重心下移、“小清新”、育人点等关于班队会要注意的地方也渐渐地有点感觉了。但是作为新手，我还是存在着许多问题。

和上次一样，我还是没有完全做到重心下移，尤其是发放奖状环节，因为奖状上的荣誉称号是我想出来的，所以在认领颁发奖状的时候孩子们没有太多感觉。如果会前，我让孩子们以小组为单位为其他小组编写适合的荣誉称号，再由他们自己颁发，效果肯定会比现在好，才会真正地激励每一个小队。

最后一个环节让孩子们讨论，然后写一写以后的努力方向，孩子们写的努力方向都特别大、特别空，都没有具体展开来说。出现这种原因都是因为我引导得不好，没有给孩子具体的要求。

由于时间关系，班队会上只上台展示了五个小组，还有两个小组没有机会上台，在我懊恼不已的时候，戴老师告诉我："没有关系，班队会是一个系列性的活动，并不是一次就结束了，剩下的两个组再找时间让他们展示完。切记，班队会不是课。"

每次出班队会都会有不一样的体验和收获，我深深地感觉到"新基础教育"指导学生发展和教育的智慧。每个年级都有具体详细的指导。成人和成事相结合，在成事中成人，在成人中成事，从自己班的孩子身上就可以看出来，每次上完班队活动孩子们都有切切实实的变化。

第三次班队会经验反思

2018 年 11 月 12 日，我第三次讲新基础班队，主题是"成语故事我来演"。我们班这一学期一直在做有关成语故事的活动，班队展示的时候正好进行到这个活动的第二阶段。所以接到任务后，我立马确定下了活动主题。而且平日活动切实有效进行，孩子们在展示时呈现出来的状态就会更自然、更优秀。

怎样寻找育人点？

本次活动我设计了两条线索：以成语故事表演为主线，以小队建设为暗线。但是在每一个环节上怎样深入深刻地育人，让我废了不少脑筋。经过专家的指导，我恍然大悟，其实育人点无处不在：你们是怎样协商剧本、角色的？排练时有没有遇到困难啊？怎样克服的？有什么收获啊？你们想感谢谁啊……我为什么一开始找不出这些育人点呢？这是因为活动从一开始布置给孩子们后，我没有时时刻刻关注他们，所以整个排练时发生的事我也是模模糊糊，根本找不出介入的点。在以后的每一次活动中，我要时时跟进孩子们，把问题理出来，把典型画面聚焦出来。问题就是资源，过程中找问题、找变化。

路漫漫其修远兮，吾将上下而求索。

如何确定班会主题

青岛市崂山区沙子口小学　王雪红

4月13日，作为“戴翠香名班主任工作室”成员，我有幸参加了“同心同行，做智慧班主任”论坛。在论坛上，各位专家都认同通过班队课对学生进行德育教育，引导学生正确认识自我，规范自我行为，激发学习兴趣，增强班级凝聚力的观点。我的收获也非常多。

主题班会课应该作为一门课来上，而不是像我平时的常规性的工作总结与安排或流于形式的表演。每一次主题班会，都应该确定主题与目标，设计好形式与手段、过程与方法。在设计主题班会课前，还要真正了解学生需要什么、我们该怎样去解决学生的需要。设计主题班会课，一是对学生的诊断要准；二是入口要小（即切入点要小）；三是活动要思（活动是快乐的，也是要思考的，要实现它的价值，或烘托气氛，或提升学生的感悟）；四是感悟要真，就是要让孩子有真实的感悟；五是材料要用，即要让材料活起来；六是后续要明，不是上完这节课就完事，应有后续的强化巩固；七是班会的主题要从班级日常生活中提炼，因为班级日常生活反映出学生学习生活的基本状况，直接影响学生的成长状态。

班主任应在学生成长的阶段性意识、自我意识水平和教师与学生的日常性沟通的基础上确定班会的主题。

“新基础教育”调研
——班队会研讨活动感悟

青岛市重庆路第三小学　王　晶

自从加入了戴老师名班主任工作室，我开始接触新基础教育。4 月 16 日，我聆听了工作室于老师和宋老师的主题班队活动分享，受益颇丰。我发现与以往的主题活动相比，它更体现了关注学生生命成长的全程综合意识。活动的开展不是为了完成上级安排，也不是点状、零散的，而是一种基于学生成长需要的自觉研究，强调活动的系列性、真实性。

班队活动形成系列才有效，真实才精彩。一节真实的班队活动课，可以体现在以下几个方面：首先，选题要真实，应该追求教育的长效性，着眼于学生的终身发展，而不仅仅关注暂时的某些需求。其次，真实的角色班队活动是由师生共同参与创造的。无论是活动方案的制定、计划的实施、及时的指导、动态生成的资源之教育价值的开发，还是反思与重建，教师都是重要的影响力量。只有在这种共同参与、积极创造之中，具有丰富内涵和独特个性的班队活动才会涌现。班队活动中，教师更多的是幕后的支持者、鼓励者和指导者，循循善诱，热忱帮助，充分关注每一位学生，并真心诚意地与学生创造共同的生活——包括活动的策划、组织与评价，共同构建真正意义上的“活动共同体”。再次，过程要真实。班队活动是一个师生交往、多向互动、动态生成、共同发展的过程。传统的班队活动缺乏对活动过程的重视，过度关注活动过程中显性的东西，比如生动的表演、热闹的讨论、活动的气氛等，忽视了活动内涵的提升。班队活动和学科学习一样，都可以侧面展现这样一个真实的过程：从不懂到懂，从不会到会，从模糊到清晰，从失败到成功……最后，评价要真实，需要在情真意切的表扬或批评中体现；需要教师在尊重学生且又高于学生的点评中得以体现。这里的评价既包括学生个体和群体之间的评价，又包括教师对学生的评价，尤其是教师的随机点评，需要智慧。对于学生而言，生命历程中生动、有趣、令人振奋的班队活动，不仅在当时会获得不同寻常的体验，而且可能成为成长中难以忘怀的记忆、促进变化的契机。

学生在亲历活动的过程中，都能产生不同程度、不同内容、积极健康的情感体验，就会产生一种参与活动、自我发展的需求。今天看宋老师班级学生的表现，自从开展了一系列活动后，他们上台发言的姿态大方了，声音响亮了，活动更有实效性了，这不正是真实的班队活动的追求所在吗？

他山之石可以攻玉

青岛市崂山区实验小学　宋丹丹

三月的最后一天，我有幸参加了青岛市名班主任工作室第一次论坛，无论是南航附中的罗京宁书记、北师大青岛附中的郑立平教授，还是北京教育学院的迟新希教授、《新班主任》的肖凡主编都让我开始重新审视自己的工作，我像吸水的海绵一样，不断汲取着知识养分。得此他山之石必可攻玉……

一、罗京宁书记——体验式班会让孩子成就自己

听罗书记报告的第一印象是原来讲道理、养习惯的班队活动可以这样上。感恩、同学相处这些内容班主任都会接触到，而罗书记巧妙地在体验式班队活动中，润物无声地成就着孩子。“感恩父母”“感恩同学”“感恩老师”，通过一次次切身的体验对学生进行着心灵的洗涤。罗书记的许多活动让我很有感触，比如，“一分钟鼓掌”让我们理解这么简单的事都有方法、有技巧可循，那其他的事情只要肯动脑思考一定会更好。“我爱我日”让孩子们揣上气球做一天的爸爸妈妈，让孩子们感受父母的不易。“小鬼当家”让学生们当一天班主任，带班、上课、吃饭、放学，切身体验老师的工作，从而更好地约束自己。“动手画画我心中的班级”“谢谢感谢卡、致歉卡”……一次次的活动没有一味地说教，却让孩子慢慢地发生了变化。

二、郑立平教授——班主任的首要任务是自我发展

王充的著作只有《论衡》一书，他把人才划分成四个层次，即鸿儒、文人、通人和儒生。我想郑教授可算博览群书的高人。

蔡元培是共和教育的奠基人，也是雷厉风行的革新者，他崇尚的“思想自由、兼容并包”思想深深影响了当时的教育。他提出了“五育”并重、和谐统一发展的教育方针。在出任北京大学校长时，他力排众议，聘请了陈独秀、李大钊、钱玄同、刘半农、周作人、沈伊默等人，他认为大学就是“囊括大典、网罗众家”。林语堂这样评论他：“论著作，北大很多教授比他多，论启发中国新文化的功劳，他比任何人大。”蔡元培主张教育要适应教育者身心发展的实际，他说教育者应“深知儿童身心发达之程序，而则种种适当之方法以助之”。就像农家对待植物那样，“干则灌溉之，弱则支持之，畏寒则置之温室，斋食则资以肥料”。为此，他极力反对违反自然、束缚个性的教育。他指责旧教育“是教育者预定一目的，而强受教育者以就之，故不间其性质之动静，资束之愚钝，而教之止有一法，能者奖之，不能者罚之”。

雕琢个人教师魅力

通过对上海市412名学生和家长进行了关于教师教育魅力的抽样问卷调研，结论为教师最吸引学生的教育魅力首推人格魅力（56%），其次为师爱魅力（21%）、学识魅力（14%）和形象魅力（9%）。

作为现代教师，其人格魅力应体现在以下几个方面。

1. 热忱

当今社会越来越浮躁，越来越功利，影响到教育，就是对教育终极之“道”的追问者越来越少。书中的开篇访谈更是出现了教师的幸福是什么的追问;我作为一个刚刚工作一年的青年教师,唯有用满腔热血来感化学生和家长。就在暑期的电话访问中,上个学期我还畏惧如何与家长沟通,而现在我们却能如姐妹一样侃侃而谈,更让我感到意外的是很多家长都急着告诉我孩子想我了。我想正是我的热情拉近了我和孩子们的关系,我做得还远远不够,要向前辈们学习,在三尺讲台上,用生命歌唱:“一辈子做教师,一辈子学做教师。”

2. 关爱

2012年张丽莉老师感动全中国,她用生命诠释着一位人民教师的大爱。张丽莉老师给我警示,不要深陷应试教育的泥沼,使之成为“噱头”或表演。

3. 包容

她很“出挑”,即使第一次来上课的老师都能马上关注到她:“一个女孩子怎么能这么能闹!”“我的孩子是不是有攻击倾向?”科任老师、家长还有我都感觉到了她的特别刚开始我会严厉地告诉她这样不对,但结果是孩子越来越怕我。我意识到再这样下去不行,慢慢地改变了与她相处的方式,与她拉着手谈谈心,或走到她身边给她一个微笑,表扬她热爱劳动。潜移默化间,孩子看到我的眼神变了……这个世界人与人之间充满了差别的,这是再正常不过的事实,我要以包容之心看待学生的缺点和错误,这种包容和赞美就像教师构筑的一条河流的两岸,其间流淌的是学生懵懂的青春岁月,它一路歌唱奔向美好的未来。

4. 担当

何为担当,一言以蔽之,就是承担自己的责任。担当是一种舍我其谁的豪迈,是填海的精卫,是移山的愚公,是以微薄之躯对抗不良或强大的环境和势力,风雨兼程,无怨无悔。

今天的时代，不缺高学历、有才华的人，但对于一个班级、一个孩子，我才是最适合的，没有人比他们更需要我，只有这种精神才能锻造出一个民族的脊梁和未来。

有魅力的教师能把学生引进课堂、留在课堂、聚在身边。魅力的形成一定要有知识的积累和生活的阅历，一定要经历过时间的历练。“高山仰止，景行行止。”虽不能至，然心向往之。

专家指引，高屋建瓴

青岛市崂山区沙子口小学　王雪红

2017年3月31日，我有幸参加青岛市名班主任工作室论坛，报告会上专家的讲解旁征博引、深入浅出，是一次非常好的学习机会。

南京航空学院附属中学罗京宁书记做“体验式班会课的设计与实践”的主题报告。在罗书记的报告中通过游戏“一分钟鼓掌”“吸管插土豆”等让学生明白什么事都不能只靠感觉而更应该亲自动手实践，实践证明人的思维及吸纳知识的能力是无穷的。

北京教育学院校长迟希新做“新时期班主任的核心素养与自主发展”的报告也使我深受启发。我们看得见的教育固然重要，但是隐性教育也非常重要。教育，并非我们课堂上的传业授道解惑也，还有我们所带给他们的“教师效应”，还有我们应该对他们进行的思想品德教育。正所谓“教，上所施下所效也；育，养子使所善也”。这里的隐性教育就要包括学科教学、师生交往、班级文化和校园环境等。迟教授讲给我们朱自清《背影》这篇课文的教学案例。有的教师喜欢为了讲而讲，抓住课文中的句子和图画来深挖重、难点，来讨论朱自清与父亲的情感，却忽略掉了现实生活中处处上演着为儿子挡雨的爸爸、为女儿御寒的爸爸、给儿子快乐的穷爸爸等这样感人的一幕幕。这样贴近生活的情感熏陶与道德教育，不是孩子最缺少的教育吗？正如赫尔巴特所讲：教育的唯一工作与全部工作可以总结在这一概念之中——道德。

专家们对班会课的理解和运用让我受益匪浅。我认为主题班会是班主任管理班级工作的一个重要组成部分，它能够帮助学生提高对问题的认知能力，提高学生的自我教育能力，有助于班集体建设。一堂好的主题班会课一定能给学生带来深刻的教育意义，为学生成长的过程注入营养。高质量的班会课能成就一个充满活力、凝聚力的班集体，在以后的班会课中，我会进一步发挥班会课的积极作用，为学生形成良好的道德品质打好基础。

教育专家高屋建瓴的引领，让我不虚此行。此次论坛如同一场“及时雨”，为我解答疑惑；专家的解读，犹如“暗室逢灯”，引领我更好地开展班级管理。

给孩子多一片爱的绿荫

青岛市基隆路小学　李明超

炎炎夏日，我们都希望找到一片绿荫，享受一丝清凉，试想对于孩子们来说，我们的学校如果也是这样一片清凉的绿荫，那该有多好啊，他们的内心将是快乐的，他们的精神将是愉悦的，学校将是他们生活的乐园。可现实又是怎样的呢？

对于孩子们来说，学校似乎并不是一个让他们完全快乐的地方，因为他们似乎处处受到各种约束，整日里学习一些自己并不感兴趣的东西。我时常在想，如何在学校里，让处于童年时期的孩子，能够多一份自由与快乐。《乐在民主育人中》这一本书，给我们的育人理念带来了一些启发。

1. 科学育人给学生带来的是一盏盏智慧的明灯

有人说，一个孩子成才的关键是这个孩子掌握了多少先进的知识，他的分数能够考得多高，这无疑是成功的一个因素，但不要忘记，分数并不等于智慧，具有一种可持续发展的智慧才是孩子们不断成长的不竭动力。魏书生很重视对学生的智慧教育。他曾经说过："帮助学生认识到自己内心世界的广阔，学会用自己的能量照亮自己的内心世界，用自己的积极、乐观、实干、豁达、好学去战胜自己的消极、悲观、空谈、狭隘、厌学。"魏书生的育人教育是一种充满智慧的教育。每天点燃一盏思想的明灯，他倡导学生们将自己喜欢的名言警句抄在黑板上，学生们交替轮流，而不间断。其实，在人生的历程中，也许改变人生的往往就在于发人深省的几句话，当我们明白了其中的内涵时，人生便豁然开朗。这样简单而又意义非凡的育人形式带给学生们的是超越课本知识的一种智慧，是人格的一种持续成长。

2. 对于学生的真实关注适应了学生心理的成长需要

在现实教学中，许多老师不可谓不尽职尽责，呕心沥血，但有的孩子的叛逆越发严重，也许我们关注了他们的身体是否健康，也许我们关注了他们最近的作业情况，也许我们注意到了他们身上存在的错误，并给予了及时的批评，但我们给予的也仅仅是批评而已，并没有真正注意到"教育"，以及"教育"的形式。翻开《乐在民主育人中》这本书，其中"犯错误写说明书”这一节给我耳目一新的感觉，其中一个孩子说道：“今天自习课，我做物理习题时，怎么也想不出来解法，便想，向同桌请教吧！这时好思想提醒我：这个班自习课不让说话，不让出声问问题。坏思想说：不要紧，老师不在，干部又没注意，小点声不就行了吗？好思想干着急也管不住坏毛病。”“我是从外地转来的，过去淘气了要写检讨书，那时越写越恨老师，现在写说明书，越写越恨自己，感觉就有这么点不一样”。“说明书”和“检讨书”，只有几个字之差，但是关注的内容却有很大的差别，一提到“检讨书”，给学生的就是一种老师的压迫之感，也许学生并没有真正认识到自己的错误，只是出于无奈而要迎合老师，而“说明书”并不一定非要学生承认自己的错误，只是老师真正站在孩子的角度，希望他们能够正确地认识到自己内心的一种变化过程，从而增强自己的自控能力。后者更加关注的是学生内心成长的一种需要，更加有利于学生心理的成长。魏书生“惩罚”学生的手段也是颇动了一番心思的，如他惩罚犯了错误的同学要做一件好事。他认为：做好事起到了增强学生自尊心、自信心的作用，也起到了分散学生犯错误的精力，起到了使学生发现一个新的、更强大的自我的作用。时代在发展，学生的内心世界也发生着潜移默化的变化。漠视学生的内心世界、心理特点、情感需要的教育方式，以教师为中心、满足教师内心需要的传统教育方式也应该随着教育理念的更新而得以改善。老师们也应该积极探索，既适应学生心理发展又能很好地解决问题的好方式、好方法。

3. 民主、自主的管理方式是给学生自由与解放的途径

我们常常在抱怨，现在的孩子越来越难管，这一批孩子刚刚老实了，那一批孩子又惹了祸，似乎孩子们总是长不大，

总是需要老师们劳神费力，在他们身旁不停地唠叨。老师们累了，孩子们也听得烦了，或许魏书生的班级管理策略能改变我们目前在教育中遇到的窘境。“依法治班”首先增强了学生的主人翁地位，学生们不再是被动的执行者，群体讨论通过的班级纪律对每一个学生都会产生更明显的制约作用，班级内的许多任务也更加明确，减少了老师与学生之间的矛盾。“依法治班”，老师们也要真正尊重学生自我选择的权利，真正放权给学生，而不是用自己的只言片语改变学生内心的这种意识。魏书生写道：“多年来，迎接一届又一届的学生我都强调科学管理班级，就要依法治班，既然制定了班级法规，就要坚决执行，不能因为哪一个人一句话，或遇到一点特殊情况，就不执行班规班法。”民主、自主本来就是相互依存的，魏书生的做法也充分体现了这一点。要达到自主管理，有了经过民主通过的法规，还需要一套高效的班级机构——班委会。而在魏书生的班级中，各个班干部都是经过民主竞选上任，有了同学们的认可，而且各班干部任务明确。在我们实际工作中，老师们不能仅仅学其中的形式，还要体会这种精神。民主选拔班干部的形式大家都会有，仅仅有了班委会是不够的，如何加强班干部队伍建设，仅仅靠班干部们的自觉是不够的，如何形成一种有效的联系机制是我们在实际教学中应不断思考、尝试的。

《乐在民主育人中》这本书呈现在我们面前的不是精深的理论，而是作者在自己的教学实践中切实有效的经验积累，或许我们不太认可，或许我们持怀疑态度，但相信如果我们像魏书生那样试着去尝试，我们定会受益匪浅，对于每一位教育者而言，我们的试验田还应该是书外的广阔的学校教学生活。希望我们都能够成为一个精明的园艺修剪师，把我们的校园修剪成一片片绿荫，让孩子们能够体会到更多的自由与快乐。

读《第56号教室的奇迹》有感

青岛市崂山新世纪学校　高　嫄

“第56号教室的奇迹”这个书名一下子吸引了我。我在想，为什么叫“第56号”?“奇迹”是什么？带着一连串问题，我迫不及待地翻开它，几页下来，就顿生相见恨晚之感。一鼓作气读完它后，我不由自主地发出轻轻叹息:“教师原来可以这样来当，原来可以做得这样好！”

依稀记得在成为一名教师之前就有人告诉我:“要能镇得住学生”，这也成为我后来做老师的一条原则。可是读了《第56号教室的奇迹》之后，我发现雷夫用他的爱心、耐心、信任、智慧同样“镇得住”学生。雷夫老师在本书的一开始就道出了他成功的秘诀:信任。用“信任”代替“恐惧”来带领学生前进。雷夫老师借用劳伦斯•科尔伯格的“道德发展六阶段”提出了“信任是地基”的观点。他说:“我们是孩童的依靠，请给他们可靠的肩膀，这是建立信任的最佳方式。”只有信任才能扫除教室里的恐惧，只有在这样的环境里，孩子们才能健康成长，展现出活力。在第56号教室里营造了一片不同的天地。在这里，品格得到培养，努力付出受人尊敬，谦逊得以发扬，而且大家无条件地互相支持。雷夫老师激发了孩子们向上、向善的力量。班上的孩子很沉静，而且文明、有礼到一种难以置信的程度。多数教室以害怕为基础，而第56号教室却以信任为基础。拥有雷夫老师的信任让孩子们感到自豪，他们不想失去这份信任。这就是56号教室普通而又不普通的地方。

脑海中，自己的一段段工作历程像放电影般闪过，我不停地思考比较，在相同的境遇面前，我曾是如何面对处理。

第一章中“给我一些真相”里面讲述的故事，我也曾遇到。记得那是在教二年级时，我们班一个男生的书包也像艾里克斯的似的，在他连续三天“忘记”带作业后，终于，我再也忍不住，当着全班学生对他大吼大叫，把他书包里的东西全都倒在地上，让他找作业。其实，我早已知道他又忘记写作业，我并不是因为他没有完成作业而生气，而是因为他一次次地对我撒谎，让我很气愤。看了艾里克斯的这个故事，我想，我比艾里克斯的老师幸运，孩子的家长并没有找到学校来找我算账。我和那位老师犯了同一个错误，就是错失了一个绝佳的教育机会，给这个孩子造成了伤害。如果当时，我像雷夫对待丽莎一样，那事情会有另外一种结局，也许这个男孩自己就会不好意思地来向我承认他撒谎了，也可能以后都会完成作业，或许……

在与学生的相处中我试着构建一种和谐的师生关系，却常常会因孩子们不时所犯的错误而大发雷霆，把好不容易建立的平等关系亲手毁于一旦；我鼓励孩子广泛阅读，努力创设浓郁的读书氛围，却常常忘了及时与孩子们分享书中的喜怒哀乐，不能坚持每天陪伴他们交流读书心得……读着，读着，我的心灵一次又一次地被猛烈撞击着。雷夫，一个富有激情的老师，他似乎天生就是为孩子们而生，他那特立独行的个性、截然不同的观念、别出心裁的创意，让一个又一个的奇迹在56号教室里不断上演。我，又该以怎样的新姿态面对我那群朝夕相处一年多的孩子们呢？从雷夫的身上，我隐隐约约地看到了前进的方向。“你就是榜样”“让信任取代恐惧”“做孩子们可靠的肩膀”“纪律必须合乎逻辑”……我会借鉴雷夫的教育观点、教育信念，在实际工作中，不断反思、探讨、总结，不断提高自己的综合能力，做一名受学生和家长喜欢的好老师！

雷夫老师着实给我上了一节亲切、生动却又极其朴实的课，听他娓娓道来，是对我心灵的触动，也是一种激励。愿雷夫像一盏指路明灯引领我前行。

做一个智慧班主任

青岛市崂山区沙子口小学　王雪红

2018 年 11 月 30 日，青岛市戴翠香名班主任工作室成员一行到了上海，参加全国中小学名班主任工作经验交流峰会。

第一天为我们讲座的是杭州市明珠实验学校校长。

洪建斌是浙江丽水人，杭州市明珠实验学校校长、书记，中学语文高级教师，全国知名班主任，“浙派名师”代表之一，杭州市优秀教师、市教坛新秀，杭州市名师学科班学员、市名师工程培养对象，杭州市中语会成员，下城区教育英才。曾先后在韶山中学、凤起中学、春蕾中学工作，2013 年起就任明珠实验学校校长至今。

作为一所弱势公办学校的校长，洪建斌有自己的一套“生存法则”，那就是“五不准”。这是他经常在家长会上说给家长听的。

他说，我们很多家长文化程度不算高，跟家长说，某个教育专家说什么，他们听不进去的。我就很简单，家长会上主要讲“五不准”。

第一，家长之间不要互相评价。不要比别人，不要逼自己，大家从事的都是养家糊口的职业，不存在谁高贵谁低贱，爱这份工作，养育好孩子，撑起这个家，我相信明珠的家长都是最棒的。“家长会上，大家都点头，是的是的。”

第二，不要评价你的孩子。因为预测越早，你框定得越早，收获得越少。孩子是自己最珍贵的宝贝，是上苍赐给你最珍贵的礼物，不是用来比较的。

第三，不许评价我的老师，这是我强行推行的。希望家长们别总站在道德的制高点要求老师，因为除了教师这个角色，他们还有其他的身份。大家在工作之余，都会回归到自己的生活中，回归到家庭的生活中，回归到社会的生活中。

第四，不准评价我的学校。我希望你们不断说学校好好好，我们大家一起把学校搞好。一个不爱自己孩子学校的家长绝对不是个称职的好家长，我也不相信你在单位会是一名好员工。我在明珠担任校长，面对你们的孩子，我告诉自己要爱上你们的孩子，我告诉全体的老师要随时关爱大家的孩子。我现在肯定能够做到这一点，我们学校的老师也肯定能做到这一点。

第五，不许评价校长。我的地盘我做主，我说了算。校长怎么说，你就怎么做。我敢这么说，是因为我和我们的老师都怀揣良心和责任，真心对你们负责。

最后，洪建斌找到了“容融教育”——“容短促长，为做人奠基。以长融短，为梦想引路。”他说：“我们学校的孩子的参照物已不是农村老家，而是城市户口的同龄人，他们耳濡目染的是城市化的行为和观念，但是在城市的价值观、归属感上又有别于城市里的孩子。我们认为‘少上半天课，又会怎么样’！于是，学校转身成了少年宫，家长激动地站上了讲台，老师投身第二职业开发，大家都来给学生上社团课……我们把这100多个社团取名‘百团大战’，架构了艺术修养、杭州风情、普职衔接、法制人生等九大类‘容融校本课程’。这些课程，能让我们的学生更好地融入这个城市。”

洪建斌说，选修课，只是一个方面。容融，这是内涵非常丰富的两个字。洪建斌将“容融教育”从理念、德育、教学三个层面进行了解构：办学理念上的“容”，意思是包容接纳，为“全纳教育”之注脚；我们的孩子最北来自佳木斯，最南来自海南岛，最西来自新疆。我希望他们能互相包容接纳，也希望他们扬长避短。

第二个融，意思是融入融合，为“新杭州人”之定义；希望他们能用自己的长处，去弥补自己的短处。学一门技术，将来能在社会上体面地生活。在德育渗透上：“容”指仪容和宽容，为“文明礼仪”之起点；“融”指融显和融彻，为“合格公民”之追求；在课程教学上：“容”说的是包罗和容盛，为“丰富课程”之解释；“融”说的是融通和融汰，为“特色课程”之诠释；洪建斌说，我们提出“容融”这一概念，重点强调的不是去改变孩子，而是想努力改变教育系统本身。如果前一个“容是”被动的物理反应，那么后一个“融”是主动的化学反应！发生反应的催化剂是我们的教育体系结构与教育实践本身的转变，其应变得更具弹性、合作性与接纳性，从而更好地适应每个学生不同的需要。

“教育需要一个过程，我们起码要过一二十年，才能看到一个学生的成长。现在很多人对教育总是等不及，希望两三年就能看到成果。我们只是用‘等高等距等爱’的期待，努力让我们的学生,未来都会有一个不错的归宿。”

在我学习的道路上,感谢有你

青岛市新世纪市北学校　宋　俊

2017年3月31日,在青岛创业开放大学举办了青岛市第一次班主任工作论坛活动。在本次会议中我们听取了南京航空航天大学附属中学书记罗京宁老师《体验式班会》,全国知名教师、名班主任郑立平《名班主任自身专业发展与工作室建设策略》,北京教育学院校长研修学院教授、教育学博士迟希新老师《新时期班主任的核心素养与自主发展》,教育博士、青年学者、《新班主任》杂志社主编肖凡老师《班主任的教育写作和专业成长》的讲座和经验分享。

通过四位专家老师的分享,我更深刻地领悟到顾明远老师所说的:班主任要力争成为学生人生的人生导师。学习并运用心理学于教育实践之中,是班主任专业成长的必经之路。将“德育”“智育”“心育”有机结合,是实现“大心育”的真谛。班主任在学生心目中是至高无上的,班主任的话对学生是最具号召力的。在众多任课教师中,学生对班主任是最崇拜的、最信赖的。要搞好班主任工作,就得多学习借鉴别人的经验,在实践中不断地完善工作方法,并且不断完善班级管理制度。通过这次培训,通过学习专家老师的先进经验,我深深感到,活学活用班主任工作的经验,能使我们的工作更轻松有效。下面我谈谈参加这次培训的体会。

一、提高班主任的核心素养与自主发展

班主任不仅是学生的学习伙伴,也是学生健康成长的引路人。班主任的核心素养包括科学理论、心理品质、师德素养、教育智慧、实践技能等方面。我们作为班主任既要有智慧也要有情怀，超越智慧，做有情怀的教育。要时刻提醒自己要有对教育事业的热爱、对自己班级的喜爱，对学生要有真诚的关爱，要用“三爱”之心经营自己的教育事业。

二、要明确教师自身发展是我们的首要任务和工作

邓小平书记曾说过：“发展才是硬道理。”班主任的自身发展同样是我们班主任工作的首要任务。我们要勇于面对新鲜事物，大胆尝试“互联网 + 教育”的融合。明白懂爱，才是真爱。应尽量满足学生们现在所需要的，引导他们感受更高的需要，才会让学生抛弃低级的需要，从而提高学生的认知需要层面。做有吸引力、包容力、发展力的新时代班主任。

三、利用好班队会来架接班级活动和管理

班队会是班主任组织班级活动和管理的重要手段。通过开设有目标、有方法、有活动、有架接的体验式班队会，把学生们的社会体验活动、学校体验活动、班级体验活动相结合来开展有关学生自信、感恩、师生关系、生生关系、实践活动等体验式班会，从而帮助班集体向一个好的方向发展。

培训虽然是短暂的，但留给我的更多的是思考。今后我将不断地完善自己的专业知识，以饱满的热情，积极投身工作，真正把自己塑造成一个新型魅力的班主任。

做孩子心中最美的班主任

青岛重庆路第三小学　王　晶

七月的南京，阳光似火，却难以挡住我们戴翠香名班主

任工作室全体成员火热的学习热情。

“全国优秀教师”“全国著名的班主任”“感动杭城十佳教师”郑英老师以“教育，要追慕美好”为题，为大家做了一场别开生面的讲座。郑老师从一个美好教师的“三重境界”讲起，用自己的亲身经历，让我们看到了班主任的魅力，感受到班主任的美好。平日里，她让学生从重视自己的形象开始，让他们变成一株株向日葵，学会自己寻找阳光，同时用一个流浪汉因形象改变而改变人生的故事，让学生认识到形象之于人的重要性，同时让学生看到自己真正的美。就如她说，“见过自己有多美，就会本能抗拒自己的丑”。而教学生们认识美的过程中，郑老师更是和学生结下了缘。每一个学生，在郑老师点拨下，都能拥有一颗向阳心。

郑老师还妙语连珠、出口成章，显示出了深厚的语言文字功底，让我们颇为震惊的是她用全班学生的名字，创造性地编写成一篇妙趣横生的记叙文，如一曲清音，不落尘网，不得不让人心生佩服。我想这样知性又优雅的女人，一定是读过很多书，用心体会生活的美好。

本次的学习之旅让我们的心中充满了热情。我们会将在这里的点滴体会带进我们的学校，让名师的风采在我们工作中尽情地绽放！

学习,反思,成长

青岛市崂山新世纪学校　高　嫄

三月的初春,万物生光辉,青岛市名班主任的200多名成员齐聚一堂,共同聆听来自教育一线专家的精彩报告。在认真聆听了罗京宁、郑立平、迟希新和肖凡四位专家讲座后,我明确了班主任工作室的成长与意义。当然,更重要的是,在专家的循循善诱中,我作为班主任的热情之火又一次被点燃。尤其是全国著名班主任工作室蓝精灵工作室的主持罗京宁老师的体验式班队会深深触动了我的心,我深切地感受到,这就是我的班级中所需要的,符合学生身心特点,贴近学生、贴近生活、贴近社会的德育工作途径,既能够让学生在体验中感悟,也能让学生在感悟中反思,在反思中成长,这不正好填补了我们班主任工作的空白,真让我如获法宝。

在没听罗书记的讲座之前,我也曾上过许多次的班会,自己站在台上滔滔不绝,学生坐在下面洗耳恭听。看似听得认真,可是又有几个真正记住了老师讲了什么?罗书记的现场培训"一分钟鼓掌"体验式主题班会,让我耳目一新:原来,班会可以这样上!开始前,他先让在座的几位班主任估测自己一分钟可以鼓掌多少次,随后活动正式开始,这一分钟,对于大家来说显得很漫长,而大家的鼓掌次数也远超预估。分享感受时,几位班主任都说出了自己的心声:有的说做事贵在专注坚持,有的说成功需要实践和必要的物质保障,有的说要相信自己的潜能是无限的,还有的则很实在地承认数不过来……面对各位班主任种种不同的收获,罗书记的总结让大家深刻领悟了游戏背后的内涵——充分利用每一分钟，专注能发挥更多潜能。这样的班会课让我感受到了班主任需要智慧，需要用心，需要关注学生的参与和感受。只有如此，才能助力学生健康成长。

韩愈说:“师者，传道，授业，解惑也！”这也是我作为一名年轻班主任以后追求的目标。同时，我也会以本次任培训作为新的出发点，吸纳几位大师的聪明才智，继续努力学习，更好地投进工作中，在班主任这条路上坚定地走下去，做一名智慧型班主任、一名专业型班主任。

《致教师》读书体会

青岛市崂山区沙子口小学　王雪红

不想当将军的士兵不是好士兵，每一个教师心中都有一个名师梦，怎样才能成为一个名师呢？朱永新老师在书中给我们做了解答，使我豁然开朗。新教育共同体将其归纳提炼为“三专”模式，即通过专业阅读、专业写作、专业发展共同体来自我培训。它还有一个更亲贴的名字——“吉祥三宝”。

一是专业阅读——站在大师的肩膀上前行。一个人的精神发展史就是他的阅读史，作为教师而言，没有阅读，就不可能出现真正意义上的成长与发展。没有一定量的输入，就不可能有输出，没有一定量的阅读，教师的创造也无从谈起。通过阅读，可以借鉴别人的经验，让自己教学更顺利，成长更迅速。通过阅读，学习前人及他人的教育智慧，是教师专业成长的一个基本条件。同时学生是伟大的观察家，教师必须在阅读上为学生做出表率，言传身教，使学生爱上阅读，养成阅读的习惯。

二是专业写作——站在自己的肩膀上攀升。教师要通过专业写作，对教育生活不断地总结、归纳、剖析、反思和提升。新教育提倡“师生共写随笔”，强调日常与坚持，持之以恒；强调理解与反思，反对表现主义；强调客观地呈现，反对追求修辞；强调师生共写，反对片面割裂。通过这样的写作，可以帮助我们审视并悦纳自己的教育教学生活。只有这样梳理和总结，才能有助于我们从经验中摸索出规律，总结经验和教训，不断成长。

三是专业发展共同体——站在集体的肩膀上飞翔。一个人可以走得很快，一群人才能走得很远。建立教师专业发展共同体，是教师专业成长的捷径。寻找一些志同道合的朋友，一起读书学习，一起讨论交流，彼此鼓励，取长补短，对教师的快速成长非常有益。

认真践行教师成长的“三专”模式，我们也会向着名师之路不断前进。

四是充分有效地利用自己的业余时间，充实自己的人生。教师职业相对而言，拥有自由支配的时间相对较多。如何利用这些时间，值得我们思索。时间对每个人都是公平的，若充分有效地加以利用，实际上就是在延长自己的生命。

那么教师该如何充实自己的业余生活呢？在书中，朱老师就这一问题跟我们进行了细致的探讨。首先，最值得我们去充实的就是我们的课堂。课堂是我们教育的主阵地，要想占领这块阵地，精心的备课是非常重要的一个环节。要想备好一节课，需要大量的知识储备，这就需要我们进行大量的阅读，不断拓展自己的知识面，完善自己的知识结构。另外备课还要“备”学生，要了解每个孩子，通过各种途径，走进每个孩子的心灵。其次，写作不仅能充实我们的教育生活，而且能帮助我们反省生活，从而创造更有价值和意义的人生。记录我们每天的教育生活，记录我们的所思所想，不仅能够充实我们的业余时间，而且能加速我们的进步。第三，共同体的力量不可或缺。寻找志同道合的朋友，彼此交流，共同进步。最后，我们还应该制订一个职业规划和人生规划，培养最少一种良好的健康的爱好，丰富自己的精神世界。

朱永新老师的《致教育》一书，使我更深刻地认识到了自己所担负的使命。在以后的教育实践中，我会力争把这些教育理念运用于自己的课堂和教育生活中，和学生一起过一种完整幸福的教育生活。

做一个专业的班主任

青岛市新世纪市北学校　宋　俊

摘抄

做一个班主任需要扮演的六种角色：教育型的管理者、学习指导者、学生的平等对话者、学习者、心理工作者、家庭教育指导者……班主任只有克服盲目性，增强自觉性，下决心搞清现代教育对班主任的角色要求，一步步进入角色，才能成为一个有水平、快乐的班主任。

因此，今天我们要想成为合格的教师，就必须学会新的教育思路——以学生为起点。……我们要学会从学生的具体情况出发，一个个引导他们趋向我们的目标（当然，目标要经过论证，要科学合理）。这目标应该大同小异，且因人而异。教师应该是一个引导方向的人，不应该是一个制定一刀切的指标的人。

心得体会

这个暑假，我很有幸拜读了王晓春老师写的一本书——《做一个专业的班主任》。“把班主任工作真正作为一个教育专业，进行学术研究，追究其理念，探索其规律，构建其体系，寻找其方法，从而使更多的班主任从‘知之’走向‘好之’和‘乐之’。”这是这本书的精髓，是王老师写这本书的宗旨。整本书中，王老师用很通俗的语言，向我们讲述了班主任的六种角色要求，然后阐述了班主任影响学生的十种手段，在此基础上，把班主任分成了九类，并论述了班主任工作的内容。首先厘清了班主任工作的重点和边界，然后分别阐明了班主任工作三大块(班风建设、班级日常管理、问题生诊疗)的内容和工作方法。读了这本书之后，作为副班主任的我，收获颇丰，同时我的心灵也受到了极大的震撼：要做，就该做一个快乐明哲的班主任。

通过阅读，我对班主任角色有了客观的认识。班主任无论从事任何学科，首先想到的是自己是一名教育者，其次才是教学工作。在工作中不能就经验来处理事情，不能只看事情的表面现象，而是要深入地考虑自己是否用科学的教育手段来解决问题。从事班主任工作，能让自己的教育人生更加完整、更加丰富，也能使自己从另外一个角度来促进专业的成长。其实班主任工作并不是一个苦差事，只是缺乏智慧而已。

教育有三种方式：管孩子，哄孩子，帮孩子。历来的教育者(包括我自己)，只会用前两种方式。王老师竭力向我们推荐的是第三种方式——帮孩子，主张班主任实现思路和工作方式的转轨，从只会交替使用“管”和“哄”的方式转变到逐渐更多采用“帮”的办法上来。作为新教师的我，第一要务是做好“管”和“哄”，在此基础上努力做好“帮”。

王老师书中谈到有关班主任影响孩子的手段——定规矩、评比、批评、惩罚、说服、表扬、榜样、集体舆论、师爱、威信，让我感触颇多。结合具体的事例，我看到了智慧的老师做出的智慧的选择。同时王老师很理性地分析了这些工具的用处，也指出“万能钥匙是没有的”，每一种工具只有用得恰当才能起到应有的效果。怎样才能算有效果呢？学生在这种方法的影响下确实有进步。我结合自己在这学期的工作，发现自己确实做得不好。遇到问题，只是单纯地选择了批评，很少运用表扬，效果非常不理想。另外，自己定的规矩、说过的话，有时疏忽了，让学生逐渐有了坏的意识——老师没惩罚我，下次还可以再犯。在以后的工作中，面对班级及学生存在的情况，我要学会使用多种方法，并理智地分析和思考用哪种方法比较合适，力争把这些工具用娴熟。当然，适合的才是最好的，不要盲目硬搬。

书中结语处引用了两个故事，一个是美国商人去亚洲某部落订购草垫，订得多反而提价，因为单一的重复动作将使人很厌烦；第二个故事是一个工作了十五年的人从没被提升，而刚进公司一年的小伙子被提升了，他得到上司的回答是“您并没有十六年的经验，您只有一年的经验，只不过您把它用了十五次而已。”这段话发人深省，如果我们年复一年地走老路，总是一遍又一遍地复制自我，那收获的多半就只是疲惫和焦虑，永远做不成快乐明哲的班主任。快乐的前提是明哲，是智慧。

《做一个专业的班主任》很值得回味，让我懂得了收获了不少知识，更加明白了要做一个快乐明哲的班主任！

让童真在想象的草原上“撒欢”
——读《给学生留一块撒欢的空间》有感

青岛市崂山区沙子口小学　王雪红

又一次捧起《教育文摘》第九期，便被这篇文章吸引了。李镇西老师对教育局领导一再要求：请给学校留一块空地，给学生们留一片树林！经过努力，体育馆和食堂之间，果真留了一大片郁郁葱葱的绿地，果真有小树林——我憧憬着，几年或十几年后，这里肯定是一片参天的森林！许多前来参观的人走到这里，都会惊叹：这么一大片充满野趣的土地，真是“奢侈”啊！

低年级的教材，几乎每一课都有插图。这些插图色彩鲜艳、生动有趣，非常符合儿童的心理特点，极易引起低年级学生的兴趣。在教学中运用好这些插图，启发学生身临其境地谈感想或绘声绘色地叙事，或栩栩如生地写人或生动形象地状景，就能使学生的想象得以诱发。《柳树醒了》一文，画面上是天真活泼的小朋友在美妙的春光里玩耍。那么，春雷跟柳树说了什么？春燕跟柳树捉迷藏时又说了些什么？让学生看着画面，想象春雷、春燕与柳树对话的情景和言语，不仅使学生插上想象的翅膀，很好地培养想象力，同时培养了学生的语言表达能力。《司马光》一课说到：“假山下面有一口大水缸，缸里装满了水，一个小朋友掉到大水缸里了，别的小朋友都慌了……”小朋友为什么会慌呢？如果把“这些小朋友多大年纪，水缸有多高？”这两个问题弄明白，就会理解其中的原因了。此时，指导学生观察图画，并进行想象，使这个画面“活”起来。学生通过想象得出结论：这些小朋友年纪很小，大的八九岁，小的四五岁；水缸很大，有一人多高；缸里的水很满，那个小朋友很矮，水没过了他的头顶；他快淹死了……通过观察与想象，当时的紧急情况就会跃然纸上了，小朋友的慌乱也就不难理解了。

在实际的教学中，要鼓励和引导学生大胆想象，对“想入非非”的学生，在表扬他们敢想的同时给予引导，并且在创新上下功夫，多采取一些灵活、生动、有趣的形式，给学生更加广阔的想象空间，激发学生的创新潜能。总之，只有充分挖掘出这些取之不尽的宝藏，低年级学生的想象力才会像鱼儿一样在想象的海洋里自由地遨游，也会像鸟儿一样展开翅膀在空中自由地飞翔，这正是“天高任鸟飞，海阔凭鱼跃”！